Bernhard Aebischer
Felix Meier
Kent Ruhnke

Wer den Tiger reitet, erlebt Herausforderungen statt Überforderungen

AF002692

Bernhard Aebischer
Felix Meier
Kent Ruhnke

Wer den Tiger reitet, erlebt Herausforderungen statt Überforderungen

Über den Umgang mit den grossen Herausforderungen unserer Zeit: Beschleunigung, Vielfalt, Zukunftsoffenheit

Trainerverlag

Impressum / Imprint
Bibliografische Information der Deutschen Nationalbibliothek: Die Deutsche
Nationalbibliothek verzeichnet diese Publikation in der Deutschen Nationalbibliografie;
detaillierte bibliografische Daten sind im Internet über http://dnb.d-nb.de abrufbar.
Alle in diesem Buch genannten Marken und Produktnamen unterliegen warenzeichen-,
marken- oder patentrechtlichem Schutz bzw. sind Warenzeichen oder eingetragene
Warenzeichen der jeweiligen Inhaber. Die Wiedergabe von Marken, Produktnamen,
Gebrauchsnamen, Handelsnamen, Warenbezeichnungen u.s.w. in diesem Werk berechtigt
auch ohne besondere Kennzeichnung nicht zu der Annahme, dass solche Namen im Sinne
der Warenzeichen- und Markenschutzgesetzgebung als frei zu betrachten wären und
daher von jedermann benutzt werden dürften.

Bibliographic information published by the Deutsche Nationalbibliothek: The Deutsche
Nationalbibliothek lists this publication in the Deutsche Nationalbibliografie; detailed
bibliographic data are available in the Internet at http://dnb.d-nb.de.
Any brand names and product names mentioned in this book are subject to trademark,
brand or patent protection and are trademarks or registered trademarks of their respective
holders. The use of brand names, product names, common names, trade names, product
descriptions etc. even without a particular marking in this works is in no way to be
construed to mean that such names may be regarded as unrestricted in respect of
trademark and brand protection legislation and could thus be used by anyone.

Coverbild / Cover image: www.ingimage.com

Verlag / Publisher:
Der Trainerverlag
ist ein Imprint der / is a trademark of
OmniScriptum GmbH & Co. KG
Heinrich-Böcking-Str. 6-8, 66121 Saarbrücken, Deutschland / Germany
Email: info@verlag-trainer.de

Herstellung: siehe letzte Seite /
Printed at: see last page
ISBN: 978-3-8417-5088-4

Copyright © 2014 OmniScriptum GmbH & Co. KG
Alle Rechte vorbehalten. / All rights reserved. Saarbrücken 2014

Inhalt.

Die vorliegenden Kapitel haben meine Co-Autoren und ich als in sich abgeschlossene Exposés in den vergangenen Jahren ausgewählten Fachzeitschriften und Online-Medien zur Veröffentlichung zukommen lassen. Publikationen erschienen in Handelszeitung, Innovation Management, Organisator und Tages Anzeiger sowie auf www.business-wissen.de, www.creditreform.de und www.mittelstandswissen.de.

Leserinnen und Leser können die im Inhaltsverzeichnis aufgelistete Reihenfolge ignorieren und nach Lust und Laune von einem auf das andere Kapitel vor- oder zurückspringen.

7 Vorlauf.

9 Alternde Führungskräfte bringen die Gesellschaft weiter.

14 Karrieremachen ersetzt Management-Aktivismus.

18 Berufsleben vs. Privatleben: Hoffnungsloser und frustrierender Kampf im Leben von Führungskräften.

24 Management-Fitness: Expansive Gesundheit für den erfolgreichen Erfolg statt Verklärung der Gesundheit durch Gebote und Verbote.

30 Manager-Leben in Balance: Utopie oder Wahrscheinlichkeit?

34 Natürliche Balance für Persönlichkeiten: Besserwerden über Gesamtorganismus organisieren statt nur in Aussenwelt.

38 Highperformer und Highpotential: Wege zu neuer Kernkompetenz.

43 Karrieren geraten immer häufiger in Schieflage und Korrekturmassnahmen führen in Sackgassen.

49 Mit falscher Stressverarbeitung zum Burnout. Dr. Felix Meier

53 Innovationsfähigkeit – die Liebe zum Unbekannten.

56 Prävention: Wer echt Karriere macht, beugt dauernd selbst in allen Lebensbereichen vor.

62 Tune-Up des Lebens: Leben, Leistung und Erfolg – zeitstabil – jenseits von Denken, Wille, Ehrgeiz und Disziplin.

69 Erfolgreicher Erfolg für echte Nachhaltigkeit.

75 Leadership-Excellence: Krisen begegnen und vermeiden.

82 Lebensqualität dank Herausforderungen: Wie das Business die grossen Herausforderungen unserer Zeit anpacken kann.

89 Sinnvolle Führung vs. widersinniges Management.

97 Auf Machtprobe: Ein Coach und Leader kann sich nicht nur auf eine Machtquelle konzentrieren. Kent Ruhnke

100 Mehr über die Autoren.

101 Mehr über die Unternehmungen der Autoren.

Auch von Bernhard Aebischer und 2013 veröffentlicht im Trainerverlag Saarbrücken www.verlag-trainer.de:

Alles dreht sich um Erfolg: Noch erfolgreicher werden!

Vorlauf.

Liebe Leserinnen und Leser

Erfolge, die sich selbst beflügeln, fördern auch die Lebensqualität. Vermutlich braucht es dafür weniger als viele Business-Leute meinen – mindestens aber den sogenannten gesunden Menschenverstand. Doch dieser ist auch bei Führungspersönlichkeiten unterschiedlich ausgeprägt. Die vorliegenden Themen sind jenen erfolgreichen, erfolgshungrigen, erfolgsorientierten und erfolgsverwöhnten Persönlichkeiten gewidmet, die sowohl ihre Erfolge feiern als auch ständig ihre Lebensqualität verbessern wollen. Dabei stellen sie sich Fragen wie:

Warum gelingt es im Leben so selten, eine ausgewogene Balance herzustellen? Welche Lebensstrategien sind Erfolg versprechend, um zeitgleich erfolgreich und zufrieden zu machen? Welche Zukünfte dürften nächstens auf ambitiöse Führungspersönlichkeiten zukommen?

Die Evolution bahnt sich ihren Weg in die Zukunft und durchpflügt unser Leben. Immer weiter, gnadenlos. Sie bedient sich dabei Methoden wie der Kinetik (Beschleunigung/Schnelllebigkeit/Hektik), der Komplexität (Vielfalt/Vernetztheit/Unübersichtlichkeit) und der Kontingenz (Zukunftsoffenheit/Zufälligkeit/Unplanbarkeit).

Viele Menschen erleben Kinetik, Komplexität und Kontingenz als Belastungen, die sie kaum aushalten. Sie kämpfen dann dagegen – einen heroischen Kampf gegen die Evolution respektive gegen das Leben, bei dem sie auf verlorenem Posten stehen. Sie bemühen sich krampfhaft, ihr Leben langsamer anzugehen und zu vereinfachen. Sie dürsten nach Sicherheit und tun fast alles dafür. So verlieren sie den Anschluss an das Leben.

Persönlichkeiten, die die Zeichen der Zeit (= Evolution) erkennen, surfen auf den Wellen der drei grossen Herausforderungen und treiben ihre persönliche Entwicklung voran. Oder reiten eben den Tiger, ohne überfordert zu sein.

Leserinnen und Leser finden für ihren Business-Alltag treffende und auch überraschende Vorschläge, die mögliche Wege in ihre Zukunft aufzeigen.

Ständig besser werden und das immer müheloser. Darum geht es schliesslich, im ganzen Leben, sowohl beruflich als auch privat. Wer möchte sich schon eines Tages vorwerfen müssen, doch zu wenig für sein Glück und seine Erfolge getan zu haben?

Die in diesem Buch zusammengefassten Exposés dienen Führungspersönlichkeiten als Navigationshilfen auf den manchmal doch kaum überschaubaren und meist wenig planbaren Wegen zum Erfolg – in Zeiten, wo sich alles immer schneller dreht. Darin finden sie tiefer greifende und umfassendere Erkenntnisse und Anregungen als jene aus den 72 Monthly Letters, die in meinem im Buch „Alles dreht sich um Erfolg: Noch erfolgreicher werden!" publizierten wurden.

Mein Dank gilt allen Menschen, die mich angetrieben, unterstützt und mit wertvollem Input gefüttert haben, insbesondere:

- meine Familie (Christine, Corinne, Janine)
- mein Coach (Gerd Gerken)
- meine Zug-fahrenden Freundinnen und Freunde (Noeteric Coaching Seminare)
- meine Partner und Co-Autoren (Medical-Coach Dr. Felix Meier, Eishockey-Coach Kent Ruhnke)
- meine Kunden (Führungskräfte, Unternehmen, Privatpersonen)
- meine anderen, mich inspirierenden Mitmenschen

Ohne sie wäre alles anders gekommen als es ist.

Ihr Bernhard Aebischer

Zürich, im März 2014

Alternde Führungskräfte bringen die Gesellschaft weiter.

Pro-Ageing tritt im Management an die Stelle von Anti-Ageing. Alternde Fach- und Führungskräfte sichern den zukünftigen Wohlstand. Wirtschaft und Sozialsystem brauchen Menschen, die mit fortschreitendem Alter produktiv und kreativ bleiben. Spätestens dann, wenn der Mangel an Arbeitskräften akut wird. Ältere Fach- und Führungskräfte bringen Wachstum und entlasten den Sozialstaat. Vorausgesetzt, sie können und wollen weiter als Erwerbstätige aktiv sein. Der Einsatz der alternden Arbeitskräfte muss rechtzeitig geplant werden. Idealerweise schon ab 40, spätestens ab 50 Jahren. Sowohl von den Betroffenen als auch den Unternehmen. Unternehmen stehen in der gesellschaftlichen Verantwortung.

<u>Die Volkswirtschaft braucht alternde Persönlichkeiten.</u>

Untersuchungen deuten darauf hin, dass Unternehmen in den hoch entwickelten Gesellschaften auf einen zunehmende Mangel an Fach- und Führungskräften hinsteuern. Diesem steigenden Nachfrageüberhang kann begegnet werden. Durch die Zuwanderung aus anderen Kulturen, was politisch schwierig zu realisieren sein dürfte. Oder durch die Nutzung bestehender Ressourcen, also durch arbeitsfähige und -willige ältere Mitarbeitende. Sie entlasten als Nicht-Rentner die Volkswirtschaft und helfen den Wohlstand in der Gesellschaft weiterentwickeln. Ihre Beschäftigung wird zur makro- und mikroökonomischen Notwendigkeit.

Der Anteil älterer Menschen wird in unserer Gesellschaft als Folge des Geburtenrückgangs zunehmen. Die Wirtschaft hat diese demografischen Trends einerseits als Chance erkannt und definiert diese Menschen seit einiger Zeit als Zielgruppe, der sie entsprechend gestylte Produkte und Dienstleistungen anbietet. Andererseits erkennt sie aber nur langsam, dass sie auf einen Mangel an Fach- und Führungskräften hintreibt. Und das Sozialsystem läuft besonders dann Gefahr, die Renten bei dieser demografischen Entwicklung nicht mehr finanzieren zu können, wenn der Trend für den frühzeitigen Ausstieg aus dem Erwerbsleben anhält.

Wirtschaft und Sozialwesen haben ein gemeinsames Interesse. Beide benötigen zusätzliche Erwerbsfähige. Damit diese zum substanziellen Wachstum der Unternehmen beitragen können. Und auch die Finanzierung der Renten sichergestellt werden kann.

Alternde Fach- und Führungskräfte gesucht, die können und wollen.

Altern trifft alle, auch Junge. Das beginnt schon bei der Geburt. Alter steht sowohl für eine rechnerische Momentaufnahme im Leben als auch für den letzten Lebensabschnitt. Altern und Alter sind also etwas völlig normales. Doch fast alle kämpfen gegen das Alter. Obwohl niemand diesen Kampf gewinnt.

Das Alter ist kein Hinderungsgrund, um nicht mehr erwerbstätig zu sein. Einerseits würden viele Frühpensionierte gerne weiterarbeiten. Jedoch unter anderen Umständen als bisher. Der Arbeitswille ist bei vielen vorhanden. Gute Voraussetzungen also, damit sich Unternehmen bereits jetzt die Dienste von alternden Fach- und Führungskräften ab 40 oder 50 sichern können. Wissen, Erfahrungen und Weisheit der älteren Mitarbeitenden können Effektivität und Effizienz des Unternehmens erhöhen.

Andererseits habe ich auch viele alternde Persönlichkeiten getroffen, die zwar noch wollen, aber einfach nicht mehr können. Ihnen fehlt schlicht die Energie, um in diesen Zeiten von flirrender Dynamik das Leben noch aktiv mitzugestalten. Besonders tragisch ist es, wenn das bereits in den Vierzigern geschieht. Erste Anzeichen für mangelnde Energien sind meistens längere Urlaube, Auszeiten oder eben die frühzeitige Pensionierung. So brutal es tönt, aber die meisten dieser Menschen sind für die Zukunftsgestaltung verloren.

Unabhängig von Alter und Lebensabschnitt können sich Menschen gleiches Wissen erarbeiten. Doch bei der Weisheit sind die älteren den jüngeren meistens überlegen. Mit Weisheit kompensieren ältere Mitarbeitende den Aktionismus der jüngeren. Sie verbrauchen so für ihre Tätigkeiten weniger Energie und erzielen in der Regel eine grössere Wirkung. Ihr Wissen, ihre Erfahrungen und ihre Weisheit können den Unternehmen zugänglich gemacht werden. Diese brauchen nur rechtzeitig und angemessen zuzugreifen.

Alternde Fach- und Führungspersönlichkeiten können die Unternehmen unterstützen, die Unternehmenskultur weiterzuentwickeln. Möglicherweise realisiert man Einsparungen, wenn man Arbeitswillige und -fähige weiterbeschäftigt und dafür lebenslang körperlich stark beanspruchten Menschen den frühen Ausstieg aus dem Berufsleben ermöglicht. Das Unternehmen kann so auch seine gesellschaftliche Verantwortung wahrnehmen.

<u>Wissen vertiefen, Erfahrungen nutzen, Lernprozesse verbessern.</u>

Selbstverständlich ist es wichtig, dass Fach- und Führungskräfte ihre Kompetenzen ständig erweitern. Das gilt auch im fortgeschrittenen Alter. Lebenslanges Lernen ist angesagt. Und Angebote gibt es genügend. Ideale Voraussetzungen dafür sind die richtige Energie und ein grundsätzliches Programm, die das Lernen erleichtern.

Erfahrungen sind gut und helfen in vielen kritischen Situationen weiter. Und dürfen dennoch nicht überbewertet werden. Sie werden für viele Menschen zu Stolpersteinen. Wenn es darum geht, neue Wege zu beschreiten oder Unbekanntes anzunehmen. Weil erfahrene Menschen oft nur noch das für möglich halten, was sie schon einmal erlebt haben. Also bräuchten diese Menschen etwas, das ihre generelle Offenheit fördert. Was effektiv und effizient über eine umfassende Selbstoptimierung geschehen kann.

Fach- und Führungskräfte im fortgeschrittenen Alter sind dann effektiv und effizient, wenn sie sich immer noch weiter verbessern. Neben reinen Fachkursen existieren noch viele andere Programme dafür. Zum Beispiel Change Management, Gesundheitsförderung, Innovation, Komplexität, Motivation, Rhetorik, Selbstreflexion, Stressbewältigung, Zeitmanagement.

Die Euphorie über das dazu Gelernte hält oft nur wenige Tage an. Vieles ist nach ein paar Wochen vergessen. Ob die Investitionen gerechtfertigt sind, hängt von der Nachhaltigkeit der Massnahmen ab. Nachhaltig wirken Massnahmen dann, wenn zuerst die energetische Grundlage geschaffen wird, die das Lernen optimiert. Wenn sich eine Selbstoptimierung im Alltag entwickelt hat, wird es immer besser gelingen, sich zu verbessern. Dann werden Erfolge erfolgreicher.

In den bekannten Energiekonzepten von Wille und Ehrgeiz, Ernährung und Verdauung, Bewegung und Regeneration, Aus- und Weiterbildung findet man Ansätze, um Energie- und Lernprozesse zu optimieren. Viele lineare und manipulative Massnahmen, die hoffentlich wenigstens linear wirken.

Effektiver und effizienter wäre wohl, Konzepte zu suchen, die auf der Ebene des Gesamtorganismus stimulierend die Selbstoptimierung fördern.

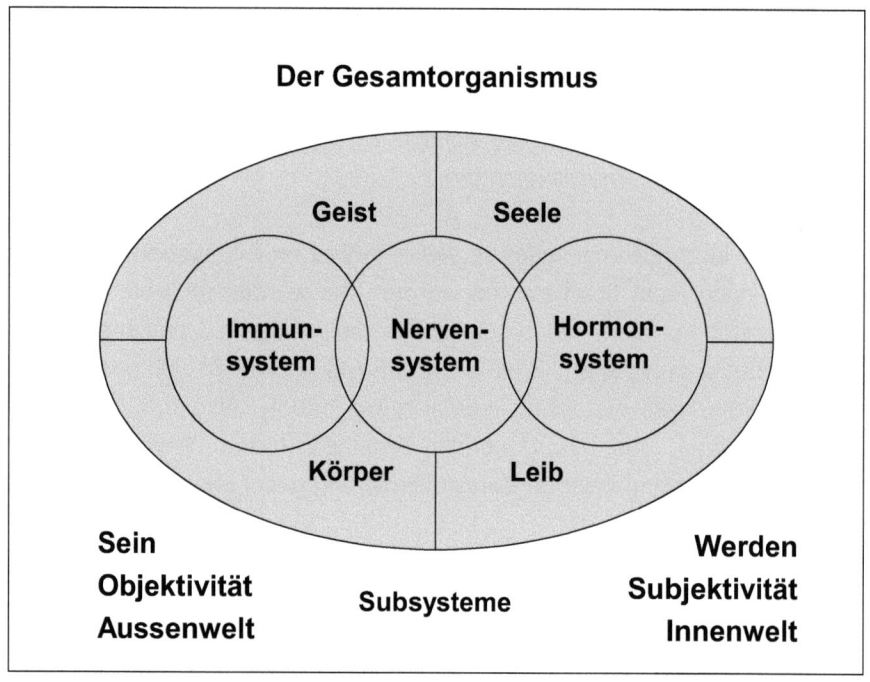

Ziel aller Massnahmen und Programme ist, die Leistungsfähigkeit alternder Menschen umfassend zu erhalten, ja sogar weiterzuentwickeln, sodass sie produktiv und kreativ bleiben. Dann machen sich diese Investments bezahlt.

Alternde Mitarbeitende: Cost Factors, Cash Cows oder schöpferische Contributors?

Wie effektiv und effizient Mitarbeitende aktiv sein können, hängt primär von den zur Verfügung stehenden Energien ab. So sind die Grundenergien des Lebens altersabhängig verfügbar. Sie sind hoch bis im Alter von 30 bis 35 Jahren. Danach erfolgt der Abbau in 20 bis 25 Jahresschritten. Höhere Energien hingegen sind umso einfacher zu produzieren, je älter man wird. Und zwar bei gleichzeitigem organisch-biologischem Falldown.

Die Quintessenz: Je älter, umso besser kann die wirtschaftliche Nutzung dieser kreativen Produktivität stattfinden. Die spontane Kreativität bis ins hohe Alter kann durch die Pflege des Gesamtorganismus aufrechterhalten werden. So könnte die Selbstoptimierung bei alternden Fach- und Führungskräften rechtzeitig verstärkt werden. Das würde echte Human Power in die Unternehmen bringen.

Dann werden alternde Menschen nicht einfach zu Cost Factors für die Gesellschaft oder Cash Cows von neuen Zielmärkten (Generation Silver). Sondern zu schöpferischen Contributors an eine neue Zukunft.

Karrieremachen ersetzt Management-Aktivismus.

Viele Führungskräfte machen Karriere, wenige schaffen es, ihre Karriere laufend qualitativ zu verbessern. Was springt beim Karrieremachen heraus? Spannendere Aufgaben, grössere Entscheidungsspielräume, mehr Führungsverantwortung. Was läuft schief? Viele spüren, wie ihre Karriere qualitativ schlechter wird. Herkömmliche Verbesserungskonzepte stossen an ihre Grenzen. Umdenken ist angesagt.

Leiden und Sehnsucht im Management.

Ansehen, Einfluss, Geld und Macht mögen im Laufe einer Karriere ständig zunehmen. Doch die meisten Führungskräfte bringen dafür Opfer und nehmen Verluste in Kauf. Sie meinen, dass diese unerfreulichen Begleiterscheinungen zu einer erfolgreichen Karriere gehören. Diese Downsides des Karrieremachens stören sie solange kaum, bis die Verluste beginnen, die Gewinne aufzufressen. Der objektive Erfolg laugt sie subjektiv aus und hat gravierende Folgen: Sinnverlust, schwaches Handeln, falsche Entscheidungen, zerstörtes Familienleben, angeschlagene Gesundheit, Flucht aus dem Alltag.

Gleichzeitig wünschen sich diese Persönlichkeiten mehr als oberflächlichen Karriere-Erfolg, vor dem sie je länger je öfters aus dem Alltag ausbrechen müssen, um ihn überhaupt aushalten zu können. Sie suchen einen Erfolg, der nicht durch Opfer, Verluste und Verzicht zustande kommt. Sie wollen weg von diesem erfolglosen Erfolg. Sie suchen den erfolgreichen Erfolg, bei dem der Sinn im Alltag, das soziale Umfeld und die Gesundheit stimmen.

Frustrierender Aktivismus.

Manager beklagen sich oft, dass ihre Karriere nicht so verläuft, wie sie sich das vorgestellt haben. Die meisten wollen nämlich auf der ganzen Linie besser werden, nicht nur materiell weiterkommen. Sie treffen dann alle nur erdenklichen Massnahmen und folgen immer wieder neuen Moden, um sich zu verbessern. Fast immer geht es dabei um Aus- und Weiterbildung, Wille und Ehrgeiz, Anstrengung und Entspannung, Ernährung und Verdauung. Sie wollen mit mehr Wissen ihr Verhalten ändern und ihr Bewusstsein vertiefen. Dahinter steckt die lebenswichtige Absicht, ihre Karriere zu verbessern, ihr Leben besser zu gestalten.

Es existieren unzählige Angebote und Methoden, um das Berufs- und Privatleben besser zu gestalten. Sie sind selten umfassend und zeitstabil. Es braucht einfach zu viele verschiedene Massnahmen, um alle Lebensbereiche abzudecken. Die gut gemeinten Massnahmen sind energetisch zu tief angesiedelt. Sie sind sehr zeitaufwändig und doch schnell überholt. Sie machen kaum Spass. Ihre Ergebnisse sind daher eher bescheiden. Alles in Allem gibt es wenig Alltagstaugliches, um die Karriere wirkungsvoll zu verbessern.

Führungskräfte können so viele Seminare besuchen und Trainings durchmachen wie sie wollen. Selbstverständlich vergrössern sie dadurch Prestige, Reichtum und Einfluss. Doch solange sie kein grundsätzliches Programm für ihr persönliches Besserwerden aufgebaut haben, bringen sie mit den herkömmlichen Konzepten ihre Karriere qualitativ kaum weiter. Objektiv haben sie weiterhin Erfolg. Subjektiv empfinden sie diesen Erfolg als energiefressend, stumpf und fad.

Doch im Management wird trotzdem immer mehr davon gemacht, nämlich immer mehr vom Gleichen, das wenig Zusatznutzen bringt. Das Zusammenspiel zwischen Berufs- und Privatleben verschlechtert sich zusehends. Es wird weiter körperlicher Raubbau betrieben, die seelischen Kosten steigen und der Erfolg macht weniger Freude. Krampfhaft und lustlos werden Verbesserungen angestrebt. Teilerfolge mögen gelingen, aber nichts wirklich Umfassendes.

Das gelingt nicht durch Sport, der zwar gut für aerobische Fitness ist, aber zu eng auf den Körper fokussiert. Das gelingt nicht durch Präventivmedizin, die zwar gut für Krankheitsvermeidung ist, aber zu eng auf das Immunsystem fokussiert. Das gelingt nicht durch Wellness, die zwar gut für Stressabbau ist, aber zu eng auf die Seele fokussiert. Das gelingt nicht durch Psychotherapie, die zwar gut für die Korrektur von Neurosen ist, aber zu eng auf den Geist fokussiert. Nachhaltig ist wenig davon

Wenn Führungspersönlichkeiten ihre Karriere echt qualifizieren wollen, müssen sie sich effektiv und effizient verbessern, sonst bleiben umfassende und nachhaltige Erfolge aus. Es reicht also nicht, wenn sie heute mal ein Fachseminar absolvieren, um ihren Geist zu trainieren. Oder morgen ein Wellness-Wochenende buchen, um ihre Seele baumeln zu lassen. Oder übermorgen eine Diät machen, um ihren Körper zu pflegen. Oder regelmässig Sport treiben, um ihre Fitness zu verbessern. Das sind durchwegs Manipulationen, die langsam aber sicher an ihre Wirkungsgrenzen stossen.

Stimulieren statt manipulieren.

Wer seine Karriere echt verbessern will, muss auf der Ebene des Gesamtorganismus stimulieren und sollte nicht in den Systemen und Subsystemen manipulieren. Umdenken also – stimulieren statt manipulieren. Das fällt im Business besonders schwer, weil in der Regel mit linearen Massnahmen kurzfristige Erfolge angestrebt werden. Stimulieren braucht mehr Geduld, die Effekte halten dafür an. Und zwar den Gesamtorganismus so für sein Besserwerden stimulieren, dass dadurch seine Systeme und Subsysteme mit hochgezogen werden. Das gelingt am besten durch Selbstoptimierung auf der höchsten Ebene, also dem Gesamtorganismus.

Selbstoptimierung als elegante Lösung.

Jeder lebende Organismus trägt in sich das Potential zum Besserwerden und kennt den Prozess der Selbstoptimierung. Wenn es gelingt, dieses Potential zu wecken und diesen Prozess zu verstärken, gelingen Verbesserungen und Veränderungen mühelos. Dafür braucht es aber ein grundsätzliches Programm, das im Gesamtorganismus anregend für Verbesserungen sorgt.

Der Gesamtorganismus verbessert auch die Karriere. Sie entwickelt sich qualitativ weiter. So werden Führungspersönlichkeiten mühelos erfolgreicher. Denn das Selbstoptimierungsprogramm steuert ihr tägliches Handeln und macht es sozusagen automatisch besser. Das bringt den Durchbruch zu einer echten Karriere, effektiv und effizient.

Rituale für Energie und Offenheit, Charisma und Zukunftskraft.

Was hindert Führungspersönlichkeiten daran, den erfolgreichen Erfolg zu erreichen? Es ist ihr Gehirn und es sind ihre Glaubensmuster. Erst wenn ihr Gehirn bereit ist, dann kann es die richtigen mentalen Energieprogramme erzeugen, die echte Handlungskraft ausmachen. Und dann öffnen sich ihre heimlichen Grenzen, die sie von neuen Chancen und zukünftigen Erfolgen abgeschottet halten. Folglich verbessern sie sich nur soweit, wie ihr Gehirn dazu bereit ist.

Die echte Karriere entsteht im Gehirn, zum Beispiel durch Gehirnrituale, mit denen man Mind-Cards aufbaut. Sie helfen, die Kraft im Gehirn zu intensivieren und die Glaubensmuster zu durchbrechen. So lernen Persönlichkeiten, ihr Gehirn zu managen, damit sie zu mehr Offenheit, Charisma und Zukunftskraft gelangen. So optimieren sie ihre Leadership. So schaffen sie eine optimale Grundlage für den erfolgreichen Erfolg. Sie sehen Sinn in ihren Aufgaben. Sie haben Energie für ihr tägliches Handeln. Sie werden produktiver. Und dann freuen sie sich, weil ihre Karriere so verläuft, wie sie sich das vorgestellt haben.

Gehirnrituale kann man trainieren und einfach in den Alltag integrieren. Ohne grosse Anstrengungen, mit bescheidenem Aufwand, bei sehr grossem Ertrag. Und kann dabei sogar noch Spass haben. So verbreiten sich Effektivität und Effizienz sowohl im Berufs- als auch Privatleben: Weil man ein Programm für die Selbstoptimierung aufbaut. Weil man auf höchstem Niveau den Gesamtorganismus stimuliert. Praxisnah und lustvoll soll das geschehen – ohne unter Opfern, Verlusten und Verzicht zu leiden.

Eine echte Karriere sichert die Performance langfristig ab, weil sie die Erfolgs- und Zukunftsintelligenz stärkt. Das gilt für alle Management-Funktionen, für alle Unternehmensbereiche, unabhängig von Branchen und Kulturen. Das Besserwerden der Karriere qualifiziert das Karrieremachen und bringt echte Human Power in unsere Unternehmen.

Berufsleben vs. Privatleben: Hoffnungsloser und frustrierender Kampf im Leben von Führungskräften.

Gemäss einer Studie des SECO von 2006 belaufen sich die jährlichen Kosten von arbeitsbedingtem Stress in der Schweiz auf 4,3 Milliarden Franken. Also gegen 10% des BIP. Und die Psychiatrische Universitätsklinik Zürich stellte kürzlich fest, dass 2007 gegenüber 1992 viermal mehr Menschen unter Depressionen leiden, meistens wegen Überforderung durch globalisierte Wirtschaftsstrukturen. Vermehrt handle es sich um junge Menschen.

Sowohl das Berufs- als auch das Privatleben sind von dieser Entwicklung betroffen. Die Betroffenen leiden genauso wie ihr Umfeld. Die Kosten sind enorm. Was können Manager persönlich verbessern, um diese Trends zu stoppen und in Zukunft noch erfolgreicher zu sein?

Globalisierung und Stress.

Immer mehr Fach- und Führungskräfte fühlen sich überfordert. Meistens müssen externe Faktoren als Gründe herhalten. Unter anderem eben die Globalisierung, die gut oder weniger gut sein mag. Tatsache ist, dass sie stattfindet. Viele verurteilen und bekämpfen sie. Niemand kann sie schlagen. Betroffene würden besser bei sich selbst ansetzen und nach Möglichkeiten suchen, wie sie mit dieser Entwicklung am besten Schritt halten könnten. Statt der Globalisierung oder anderen externen Stressfaktoren den Schwarzpeter zuzuschieben.

Viele Manager interpretieren das heutige Leben als hektisch, risikoreich, ungewiss, unübersichtlich, veränderlich. Sie wehren sich energisch gegen diese Belastungen. Sie analysieren immer häufiger selbst oder mit fremder Unterstützung ihren beruflichen Stress. Dann möchten sie den ständig zunehmenden Stress aus ihrem Leben herausfiltern. Sie ändern Arbeitsprozesse und Arbeitszeiten, nehmen sich eine Auszeit, wechseln den Job, therapieren ihre Neurosen, betreiben Wellness, managen ihre Zeit. Die langfristigen Erfolge der Massnahmen sind eher bescheiden. Die Manager kommen einfach nicht richtig vom Fleck und nicht auf Touren. Einem im

Grossen und Ganzen besser werdenden Leben stehen zunehmend Opfer und Verluste gegenüber.

Die Betroffenen wollen den Stress reduzieren. Und setzen damit auf die falsche oder zumindest auf die schlechtere Karte. Selten betrachten sie nämlich die persönliche Energieseite und fragen sich: Was brauche ich grundsätzlich für Energien? Wie gewinne ich neue Energien? Wie kann ich zusätzliche Energien abrufen? Sie wollen schliesslich im Leben nicht nur über die Runden kommen, sondern die dynamische Zukunft aktiv mitgestalten.

Die Manager-Geschichten gleichen sich.

„Meine Karriere verläuft nicht so, wie ich mir das vorgestellt habe." So tönen Führungskräfte, wenn etwas in ihrem Leben schief gelaufen ist. Dann geht es oft um Gesundheit oder Beziehungen. Fragen tauchen auf wie: Was macht das Ganze überhaupt für einen Sinn?

Manager betreiben in der Regel grossen Aufwand für ihre vielen Erfolge. Sie opfern ihr Familienleben, ihre Gesundheit und sogar ihre Persönlichkeit. Sie sind überzeugt, ohne Opfer und Verluste wären sie weniger erfolgreich und würden eine schlechtere Karriere machen. Diese Einstellung ist falsch und gefährlich. Denn jedes Mal, wenn sie für einen Erfolg etwas opfern oder verlieren, verschwenden sie von ihren Energien statt zusätzliche Energien zu gewinnen. So betreiben sie Raubbau. Irgendwann sind dann ihre Batterien leer. Meistens unwiderruflich. Früher oder später fragen sie sich, ob es das gewesen sei.

Manager tendieren dazu, Opfer und Verluste bei Sinn, Gesundheit und Familie zu akzeptieren. Sie meinen, das wäre halt nun mal so. Bei ihrer Karriere kennen sie hingegen kein Pardon. Für ihren Erfolg tun sie alles. Da machen sie kaum Abstriche. Dafür müssen andere Lebensinhalte büssen. Das Berufsleben wird dann zum Leben für Erfolg. Und das Privatleben wird dann nicht einmal mehr zum Leben für Glück, sondern nur noch zum Leben für Opfer und Verluste. Eine saubere Trennung.

Führungskräfte beginnen bald einmal, diese Nachteile zu kompensieren: Wenn der Sinn verloren geht, wenn die Gesundheit angeschlagen ist oder wenn die Familie auseinander bricht. Sie flüchten sich in verworrene Beziehungsabenteuer, holen sich Adrenalinstösse bei Extremsportarten oder kaufen sich verrückte Autos, die überhaupt nicht zu ihnen passen. Sie versuchen, mit Alkohol, Medikamenten oder härteren Drogen zu regenerieren. Von aussen mag ein solches Leben zwar nach Glitter und Glamour aussehen. Aber in Wirklichkeit geht ihre ganze Strahlkraft verloren. Diese Menschen verkrampfen und verleugnen sich. Sie werden immer unproduktiver. Von schöpferischer Kraft keine Spur mehr.

Nur wenige Führungskräfte verbinden völlig ungezwungen ihr Berufs- und Privatleben miteinander. Das sind durchwegs Persönlichkeiten, die sehr kreativ und produktiv sind. Sie arbeiten mal mehr, mal weniger. Sie geniessen ihre Arbeit, ohne Workaholics zu sein. Sie lieben ihre Arbeit, denn sie hat den gleichen Stellenwert in ihrem Leben wie ihr soziales Umfeld. Sie sind erfolgreich und freuen sich über ihre Erfolge. Auch ihre Familie, Freunde und Mitarbeitenden sehen das so. Sie lieben diese Führungspersönlichkeiten und gönnen ihnen ihre Erfolge von ganzem Herzen. Das hat positive Auswirkungen auf die Beziehungen und die Erfolge. Verschiedene Studien zeigen, dass die Aufstiegschancen steigen, je besser die Beziehungen und die emotionale Stabilität sind.

<u>Verschmelzung statt Balance oder Trennung.</u>

Viele Fach- und Führungskräfte spielen das Berufs- gegen das Privatleben aus. Sie brauchen für diesen Kampf reichlich Energien, die sie besser produktiv einsetzen würden. Diese Energieverschwendung nennen sie dann die Suche nach Balance. Und wenn eines der Leben gewinnt, verliert das andere bestimmt. Meistens unterliegt ja das Privatleben: Durchschnittlich wird jede dritte Ehe geschieden, bei Führungskräften ist es jede zweite. Oder sie wollen ihr Berufsleben sauber trennen von ihrem Privatleben. Obwohl das immer weniger gelingt, halten noch viele daran fest. Das wird mit der Zeit immer frustrierender.

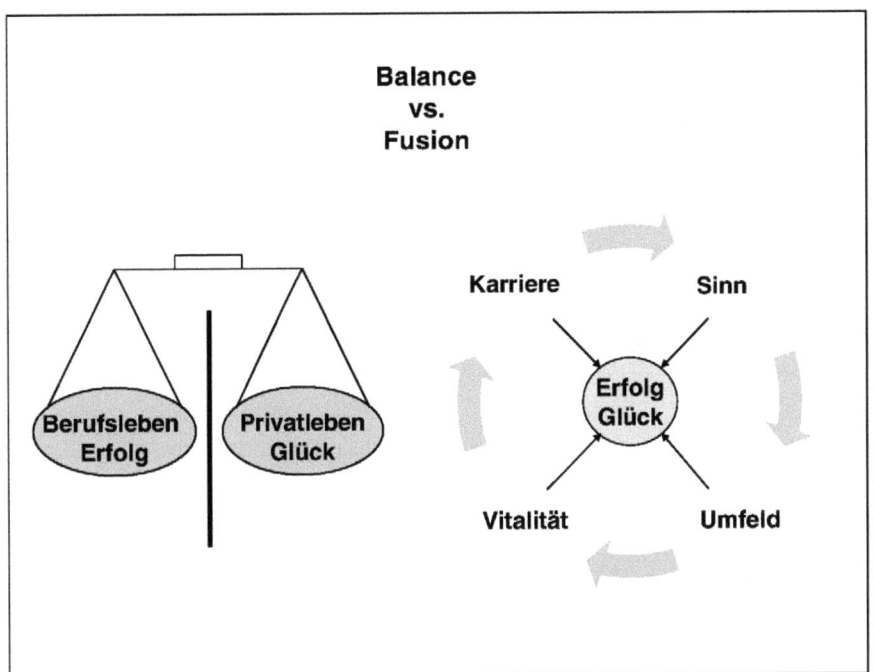

Ob Balance oder Trennung, keine dieser Strategien kann verhindern, dass sich die beiden Leben laufend überschneiden und vermischen. Doch vielen Business-Leuten fehlen einfach Einsicht und Instrumente sowie Mut und Wille, um Berufs- und Privatleben einander näher zu bringen. Und um schliesslich Erfolg versprechend miteinander zu verschmelzen. Stattdessen betreiben sie Work-Life-Balance.

Schon der Begriff suggeriert, dass Arbeit und Leben zwei verschiedene Dinge seien, die irgendwie miteinander im Wettbewerb stehen würden. Sie treffen Massnahmen zur besseren Abstimmung von beruflichen und ausserberuflichen Interessen, checken zum Beispiel ihre Life-Domain-Balance. Damit weder die Arbeit noch das andere Leben dominieren, wollen sie trennen oder ausbalancieren. Arbeit soll erfolgreich und Leben soll glücklich machen. Der Erfolg bleibt so auf den Beruf und das Glück bleibt auf die Privatsphäre beschränkt.

Wohin gehört denn die Arbeit sonst, wenn nicht auch zum Leben? Arbeit ist doch ein integrierender Bestandteil des Lebens, oder etwa doch nicht, wenn man dem Wortlaut von Work-Life-Balance folgt? Wäre es nicht sinnvoller, die Karriere so in das Leben zu integrieren, dass das ganze Leben besser würde?

Vision und Power für die Fusion von Berufs- und Privatleben.

Die wirklich erfolgreiche Karriere hängt davon ab, wie gut die verschiedenen Lebensinhalte wie Sinn, soziales Umfeld und Gesundheit mit dem Beruf vereinigt werden. Karriere, Sinn, Gesundheit und Familie miteinander verschmelzen. Darum geht es. Dann entstehen Erfolg und Glück gleichzeitig im ganzen Leben. Dieser Erfolg macht nichts kaputt. Weder die Erfolgreichen selbst noch jene Menschen, die sie umgeben. Die so erfolgreich Erfolgreichen vermeiden seelische Kosten und körperlichen Raubbau, die sie selbst, ihre Familie, ihr Unternehmen und die Volkswirtschaft schwer belasten. Damit Führungskräfte ihre Karriere echt erfolgreich gestalten können, müssen sie jene Bedingungen erfüllen, die für nachhaltige Erfolg unerlässlich sind: Die Richtung muss stimmen, in die sie gehen und die richtige Energie muss da sein, die sie dafür benötigen.

Damit die Richtung (Vision) stimmt, braucht es einen ausgeprägten Open-Mind. Eine geistige Grundeinstellung, die aus fast unerschöpflicher Neugier besteht. Diese Lebenshaltung steht unter dem Motto: Neues und Ungewohntes lieben lernen, Unbekanntes annehmen und Überraschungen zulassen. Neue Wege tun sich dann wie von selbst auf, die in die richtige Richtung weisen.

Die richtige Intensität (Power) ist da, wenn die Energie sich quasi selbst erneuert. Was nicht durch Kraft- und Willensakte oder gar Ehrgeiz geschehen kann. Diese Energie kann aus einer Begeisterung hervorgehen, die ihrerseits auf der persönlichen Vision basiert. Mit dieser so genannten Überschussenergie formen dann Führungspersönlichkeiten jene Wirklichkeiten, die sich am Horizont abzeichnen. Wenn sie von ihrer persönlichen Vision getragen und begeistert durch das Leben gehen, spüren das die Menschen um sie herum. Familie, Freunde und Geschäftspartner folgen ihnen. Sie setzen ihre

Energie für sie ein. Diese Führungskräfte ernten so zusätzliche Energie. Sie kommen immer müheloser zu mehr Energie. Ihre eigene Energie potenziert sich. Die Batterien der Überschussenergie werden nicht eines Tages einfach leer sein.

Gute Beispiele dafür sind die echten Unternehmer. Früher waren das die meist etwas schrulligen Patrons. Sie haben zwar ihre Ecken und Kanten. Doch sowohl ihre Mitarbeitenden als auch ihr privates Umfeld verzeihen ihnen diese. Sie gehen mit ihnen durch Dick und Dünn.

Niemand braucht unbedingt Unternehmer zu sein, um die Lebensvision zu verwirklichen. Viel wichtiger ist, die persönliche Vision kennen zu lernen und entschlossen in Taten umzusetzen. Als Geschenk dafür erhalten diese Führungspersönlichkeiten auch noch die Energie der Menschen, die sie umgeben. Dann ist für ihr ganzes Leben immer genügend Überschussenergie da. Der deutsche Trendforscher und Zukunftsberater Gerd Gerken zum Beispiel hat Konzepte und Methoden entwickelt, die es anspruchsvollen Führungskräften ermöglicht, diese spezielle Energie zu gewinnen. Gerken macht in seinen Kernaussagen deutlich: „Wer nicht genügend Überschussenergie besitzt, erlebt das Leben als permanenten Stress. Wer versäumt, den Code des Besserwerdens in seinen Organismus hineinzuführen, riskiert, dass sein Arbeiten zum Raubbau wird. Wer darauf verzichtet, Inclusive Fitness aufzubauen, versäumt das geglückte Leben."

Manager benötigen heute Überschussenergie, um erfolgreicher erfolgreich zu sein. Egal wie sie sich diese beschaffen. Gewinnen sie diese Energie, beginnt das Zusammenspiel zwischen Karriere, Sinn, Gesundheit und Familie wie von selbst zu funktionieren. Es braucht und gibt dann keine Parallelspiele mehr für das Berufsleben und das Privatleben, die sich gegenseitig Energie stehlen. Diese Führungskräfte verursachen keine seelischen Kosten und vermeiden mühelos körperlichen Raubbau. Weil sie ihre Karriere mit ihren Lebensinhalten wie Erfolg, Gesundheit, Sinn und sozialem Umfeld verschmolzen haben. Solche Führungspersönlichkeiten werden oft als Glückspilze bezeichnet. Weil sie es einfach geschafft haben, gleichzeitig erfolgreich und glücklich zu sein.

Management-Fitness: Expansive Gesundheit für den erfolgreichen Erfolg statt Verklärung der Gesundheit durch Gebote und Verbote.

Selbstverantwortung wird in der Wirtschaft gross geschrieben. Ihre Vertreter fordern freundliche Rahmenbedingungen und Freiräume, um sich zu entfalten. Doch bei der Gesundheit lassen sich dieselben Persönlichkeiten viele Vorschriften machen. Weil sie Angst haben vor dem Krankheitsgespenst. Sie versuchen, es zu vertreiben mit unzähligen gesundheitsfördernden Massnahmen. Doch diese Moden machen ihre Erfolge nicht erfolgreicher und vertreiben ihnen die Lust am Leben. Weil sie angstschürend auf die Gesundheit fokussieren.

Gesundheit, Leben und Wirtschaft.

Ein Wirtschaftsmagazin fragte einmal in einer Ausgabe: „Gesundheit? Was nützt einem Gesundheit, wenn man sonst ein Idiot ist?" Verändert sich jetzt die Einstellung zur Gesundheit? Weg von aufgezwungenen und angeblich gesundheitsfördernden Geboten und Verboten? Hin zu mehr Lebenserotik?

Wenn es stimmen würde, dass die Gesundheit das höchste Gut schlechthin wäre, dann müsste für jeden Menschen das dominierende Lebensziel sein, nur ja gesund zu sein. Aber was geschieht danach mit dem Leben, wenn dieses Ziel erreicht ist? Zum Beispiel mit der Karriere?

Die Medizin ist jetzt soweit fortgeschritten, dass heute niemand mehr gesund ist. Alle Leute wissen, dass vollkommene Gesundheit eine Illusion ist. Wer lange genug nach körperlichen Unzulänglichkeiten sucht, findet immer etwas, was nicht richtig funktioniert. Die technischen Möglichkeiten werden noch ausgefeilter, um Ungleichgewichte im Körper zu diagnostizieren. Aber das Leben im Körper ist eben nie in absoluter Balance. Das von Gesundheitsexperten propagierte, anzustrebende und verherrlichte Gesundheitsideal gibt es nicht.

Das freut verschiedene Interessengruppen. Wirtschaftszweige wie Medizin, Nahrungsmittel, Pharma, Sport boomen seit langem. Ihre Grenzen lösen sich auf und sie verschmelzen. Im Sport zum Beispiel geht wenig ohne Medizin,

Nahrungsmittel und Pharma. Unter dem Dach von Functional Food zum Beispiel treffen sich Nahrungsmittel-, Medizin-, Pharma- und Sportindustrie. Alles sind wichtige Wirtschaftsbereiche. Denn wenn die Gesundheits-Wirtschaft gut läuft, geht es vielen Menschen wenigstens materiell gut. Selbst wenn sie gerade mal krank sein sollten.

<u>Mit Ratschlägen in die Sackgasse.</u>

Wir hören auf die unzähligen Ratschläge, die uns aus der Medizin-, Nahrungsmittel-, Pharma- und Sportindustrie überfluten und hüpfen dann von einer vermeintlich gesundheitsfördernden Massnahme zur anderen. Viele davon sind schlicht und einfach spasstötend, keine Spur von Lebensgenuss. Trotzdem verfolgen wir diese Wege bis in die Sackgasse. Die wissenschaftlichen Erkenntnisse wechseln nämlich so schnell, dass wir besser von Gesundheitsmoden sprechen.

Was haben wir an Kuren und für die Fitness schon gemacht? Was haben wir an gesunder Ernährung und Tabletten geschluckt? Was hat uns das an Anstrengungen, Zeit und Geld gekostet? Wir haben immer mehr aufgewendet. Was hat uns das alles gebracht? Wir werden angeblich trotzdem immer ungesünder und müssten immer noch mehr vom Gleichen dagegen tun.

Zum Beispiel sollten wir uns gesünder ernähren. Aber die vielen Experten sind sich nicht einmal einig, was gesunde Ernährung überhaupt ist. Studien helfen uns nicht weiter, weil sie einander widersprechen und schneller veraltet sind als gedruckt. Bei den vielen Ratschlägen für gesunde Ernährung verlieren wir zudem die Lust am Essen.

Zum Beispiel sollten wir uns mehr bewegen. Aber dafür haben wir selten genügend Zeit. Wer dem Bewegungskult ausweicht, dem wird ins Gewissen geredet. Wer sich traut, die gesundheitsfördernde Wirkung des Sports in Frage zu stellen, wird als Einzelgänger verleumdet. Ständig tauchen neue Untersuchungen auf über noch grössere Wirksamkeiten von neuen Bewegungstrends. Mögliche Spätschäden werden bewusst ausgeblendet.

Die Anzahl Gebote und Verbote nimmt laufend zu. Medien und Marketing spielen ihre Rolle ausgezeichnet. Wir sollten dies tun und jenes unterlassen. Unsere Entscheidungsfreiheit leidet. Selbstverantwortung wird zwar gepredigt, ist aber kaum wirklich erwünscht. Die Angst wird geschürt und dominiert. Die Lebensfreude geht zurück.

Manager auf der Suche nach der expansiven Gesundheit.

Es wäre falsch, einfach den Anbietern von Gesundheitsprodukten respektive -dienstleistungen den Schwarzen Peter zuzuschieben. Wir Konsumenten sind für diese Entwicklung mitverantwortlich. Wir suchen eine neue Gesundheit, weil uns konventionelle Konzepte kaum weiter bringen. Es reicht uns nicht mehr, nicht krank zu sein. Wir möchten unsere Gesundheit weiterentwickeln, sie verbessern. Wir wollen eine expansive Gesundheit. Umfassend und nachhaltig. Die Abwesenheit von Krankheiten, mehr aerobische Fitness, muskuläre Kraft, etwas Seelenheil usw. sind uns zu wenig. Weil das auf herkömmliche Art wie zum Beispiel durch Ernährung und Bewegung nicht klappt, suchen viele Menschen heute Auswege aus der Sackgasse. Sie probieren fast alle Moden aus und hoffen, das Ei des Kolumbus zu finden. Darum haben sich Trends wie jene zur Alternativmedizin und zu Wellness so schnell im Gesundheitsmarkt etabliert.

Gerade Führungskräfte geraten zunehmend unter Druck. Abnutzungserscheinungen wie Burnout, Depression, Flucht aus dem Alltag usw. sprechen eine deutliche Sprache. Führungspersönlichkeiten wollen und müssen sich gesundheitlich weiterentwickeln, damit ihre Erfolge mittel- bis langfristig nicht zu einer faden Angelegenheit werden. Sie können sich die eher kostspieligen Methoden und die ständig wechselnden Moden zwar leisten. Doch sie setzen auf konventionelle Prinzipien, mit denen sie kaum weiterkommen. Immer mehr vom Gleichen. Dafür intensiver. Wenig effektiv und wenig effizient. Ein eher atypisches Verhalten bei Persönlichkeiten aus der Wirtschaft. Auch sie sind selten immun gegenüber der mehr oder weniger subtil gesteuerten Angstmacherei aus Industrie, Medien und Politik.

Die Gesundheit wird verklärt als höchstes Lebensziel. Printmedien vermarkten das Thema regelmässig. Fernsehstationen zeigen aufwühlende

Beiträge über Krankheiten und Therapien. Patienten berichten über ihre Erfahrungen und Erfolge. Experten setzen sich für neue Behandlungsmethoden ein. Buchverlage profitieren vom Gesundheits-Boom und verzeichnen ihre höchsten Zuwachsraten bei den Gesundheitsratgebern.

Wir interessieren uns krankhaft für unsere Gesundheit. Wir rennen wegen jedem kleinen Bobo zum Arzt. Wir sind Experten für den eigenen Gesundheitszustand und wagen immer mutiger Selbstdiagnosen. Wer etwas auf sich hält, spricht mit Stolz von seinen überstandenen Krankheiten und Unfällen. Alle geben allen gut gemeinte Ratschläge. Wer noch nie krank war oder noch keinen Unfall hatte, wirkt schon fast suspekt.

Der innere Heiler als Katalysator.

Auf der Suche nach der expansiven Gesundheit können wir von lebenden Systemen lernen. Sie haben die Tendenz, sich selbst zu optimieren, sich von innen heraus zu heilen. Der innere Heiler ist nichts Abgehobenes, sondern die biologische Fähigkeit des Gesamtorganismus zur Selbstoptimierung und Selbstheilung. Diese Voraussetzungen sind auch bei uns vorhanden. Teilweise finden diese Prozesse im Hintergrund statt. Zum Beispiel in den Zellen bei der Regeneration der Haut oder der Organe. Ohne dass die äussere Form dabei verloren geht. Gelingt es, diesen Optimierungs- und Heilungsprozess im menschlichen Organismus zu fördern, findet echte Prävention statt.

Lineare Massnahmen eignen sich schlecht für Prävention. Lineare, direkte Eingriffe und Therapien sind wichtig für rasche Reparaturen. Damit hat zum Beispiel die Medizin beachtliche Erfolge erzielt. Das medizinische Prinzip von Manipulation und Linearität respektive Ursache und Wirkung funktioniert gut zur Wiederherstellung. Es versagt meistens in der Prävention, weil man nicht reparieren kann, was noch gar nicht kaputt gegangen ist. Schliesslich weiss man kaum, was in der Zukunft tatsächlich geschieht. Weil man sich dessen bewusst ist, schiesst man mit Kanonen auf Spatzen: Möglichst viele so genannte Präventivmassnahmen. Je mehr und je vielseitiger, umso besser. Doch die Enttäuschung wird immer grösser, weil die Gesundheit nicht besser wird. Im Gegenteil. Und dazu steigen die Kosten weiter. Das ist für alle frustrierend. Böse Zungen behaupten schon, dass das, was uns heute gesund machen sollte, uns zukünftig noch kränker machen wird.

Effektive und effiziente Prävention klappt aus meiner Sicht nur dann, wenn der innere Heiler als Katalysator im Gesamtorganismus stimuliert wird. Als eine Art vorauslaufende Optimierung auf höchster Ebene. So kann man den Selbstoptimierungs- und Selbstheilungsprozess besser unterstützen. Weil dann die Kompetenz und die Kraft des Systems „Gesamtorganismus" angeregt wird. So funktioniert der innere Heiler in allen Systemen wie in Körper, Leib, Geist und Seele sowie im Hormon-, Nerven- und Immunsystem.

Das Potential zur Selbstoptimierung und Selbstheilung entfaltet sich dann, sodass dort optimiert und geheilt wird, wo echter Bedarf ist. Hinunter in die Systeme und Subsysteme des Gesamtorganismus. Das ist zeitgemässe Prävention in Action. Denn diese Prävention umfasst den ganzen menschlichen Organismus. Also weg von „Ich-muss-etwas-für-meinen-Körper-tun" hin zu „Ich-pflege-meinen-Gesamtorganismus" als vorauslaufenden Optimierungsprozess.

<u>Erfolgreicher Erfolg durch echte Prävention.</u>

Selbstverständlich ist es wichtig, gesund zu sein. Krankheit kann zum Beispiel ein grosses Handicap sein im Berufsleben. Sie kann die Karriere behindern. Krankheiten von Mitarbeitenden aller Funktionsstufen senken die Produktivität von Unternehmen. Darum ist die Gesundheitsvorsorge schliesslich zu einem bedeutenden Thema für die Unternehmensführung avanciert. Sie führt zwar manchmal zu kurzfristigen Kosteneinsparungen, sollte aber zum langfristig erfolgreichen Erfolg führen. Bei dem Erfolg und Glück gleichzeitig sowohl im Berufs- als auch im Privatleben stattfinden. Die beschriebene echte Prävention kann das besser, weil sie alle Ebenen im menschlichen Gesamtorganismus mit einbezieht.

Unsere Gesundheit kann und darf nicht oberstes Ziel im Leben sein. Wir leben nicht für die Gesundheit. Die Gesundheit ist Mittel zum Zweck. Das Ziel ist das Leben. Die Entwicklung von Karriere und Unternehmen, Leistungssteigerung und Produktivität ist so wichtig wie die Gestaltung des sozialen

Umfeldes, die Sinnfindung und die Gesundheit. Alles hängt miteinander zusammen. Auch die expansive Gesundheit dient dem Leben, weil sie hilft, das Leben besser, lustvoll und erfolgreicher zu gestalten.

Manager-Leben in Balance: Utopie oder Wahrscheinlichkeit?

Die meisten Führungskräfte wünschen sich ein Leben in Balance, obwohl sie instinktiv wissen, wie schwierig das sein kann. Gerade im Management sind zurzeit unzählige Massnahmen „in" für Work-Life-Balance, Lifetime-Management, Life-Domain-Balance und Ähnlichem. Manager tun so vieles, um im Alltag zu überleben. Sie sind dann überrascht, wie wenig das tatsächlich bringt, um ihr Leben umfassend zu verbessern.

Führungskräfte, die erkennen, wo und wie in ihrem Leben ihre Anstrengungen energetisch wirken, verlagern ihren Fokus von überlebensnotwendigen auf lebensverbessernde Massnahmen.

Der Physiker und Nobelpreisträger Erwin Schrödinger schrieb in „What is Life?", dass das Leben sowohl unvermeidbare Unordnung (Entropie) herstellt als auch nach optimierender Ordnung (Negentropie) strebt. Die Biochemikerin Mae-Wan Ho (The Rainbow and the Worm) beobachtete diese Prozesse auch im Kleinen, nämlich in den menschlichen Zellen. Alle Menschen verursachen durch ihr Denken und Handeln permanent Ungleichgewicht. Gleichzeitig sehnen sie sich nach Ausgeglichenheit. Ihr Leben pendelt grundsätzlich ständig zwischen Unordnung und Ordnung hin und her. Denn Entropie und Negentropie liegen in der Natur des Lebens.

Führungskräfte können besonders gut Ungleichgewicht herstellen, wenn sie zum Beispiel Prioritäten setzen, jemand anderem den Job wegschnappen oder Wettbewerber ausschalten. Das ist keine Qualifikation ihrer Handlungen. Sie gehören in ihre Box-of-Instruments, wenn sie und ihr Unternehmen im Alltag überleben wollen.

Wenn Manager nach Ausgeglichenheit streben, tun sie sich schwerer. Es gelingt ihnen selten, weder im Berufs- noch im Privatleben, geschweige denn auf der Suche nach Balance zwischen Berufs- und Privatleben. Diese Führungskräfte machen vieles, um die unvermeidbare Unordnung in ihrem Leben auch nur einigermassen in den Griff zu bekommen.

Die bescheidenen Effekte der vielen Balance-Konzepte sprechen eine deutliche Sprache: Urlaub wirkt wenige Tage nach. Time Management verlangt zuviel Kopfarbeit. Fitness ist ausgesprochen körperfixiert. Ernährung folgt wechselnden Moden. Entspannung verkommt zum aufwändigen Trostpreis für Alltagsflüchtlinge. Das Leben wehrt sich eben gegen diese linearen Manipulationen. Manager manipulieren dann typischerweise noch zielgerichteter, mit immer mehr vom Gleichen, das schon bisher wenig gebracht hat. Trotz enormen Anstrengungen und riesigem Aufwand bleiben nur Frustrationen über die verpassten Ziele.

Die Absicht dieser Menschen, ihr Leben mit unzähligen Massnahmen in Balance zu halten und immer besser zu werden, mag auf den ersten Blick erstrebenswert sein. Aber dahinter steckt ein seltsames Verhältnis zum Leben und zur Energie. Viele Führungskräfte meinen, dass sie mit diesen Konzepten ihr Leben ausbalancieren und sich gleichzeitig verbessern. Oft merken Manager dabei nicht einmal, wie sie wegen der vielen Gebote und Verbote die Lust am Leben verlieren.

Balance erreichen wollen, bedeutet implizit ja meistens, verschiedene Lebensinhalte voneinander zu trennen. Und Hand aufs Herz, welche Führungskraft hat es zum Beispiel schon geschafft, Berufs- und Privatleben voneinander zu trennen. Diese Balance ist für Führungskräfte eine eher ungünstige Utopie, weil völlige Ausgeglichenheit einfach unerreichbar ist.

Selbstverständlich können Manager durch Balance-Massnahmen ihre Basisenergie gewinnen um zu überleben. Aber sie korrigieren so nur den Entropieprozess, reduzieren sozusagen die Unordnung etwas, wenn sie sich zum Beispiel gesünder ernähren und sich weniger Gift zuführen oder mit Mentaltraining und Psychotherapie ihr Denken und Verhalten ändern.

<u>Balance-Strategien ermöglichen das Überleben.</u>

Die basale Energie für das Leben reicht jedoch nicht, wenn sich Führungskräfte in den grundsätzlichen und evolutionären Verbesserungsprozess einklinken wollen, was gerade in komplexer werden Zeiten absolut unerlässlich ist. Manager brauchen dafür die Überschussenergie für das

Besserwerden, die nicht aus Ernährung respektive Metabolismus und aus Verhalten respektive Mentalismus entsteht.

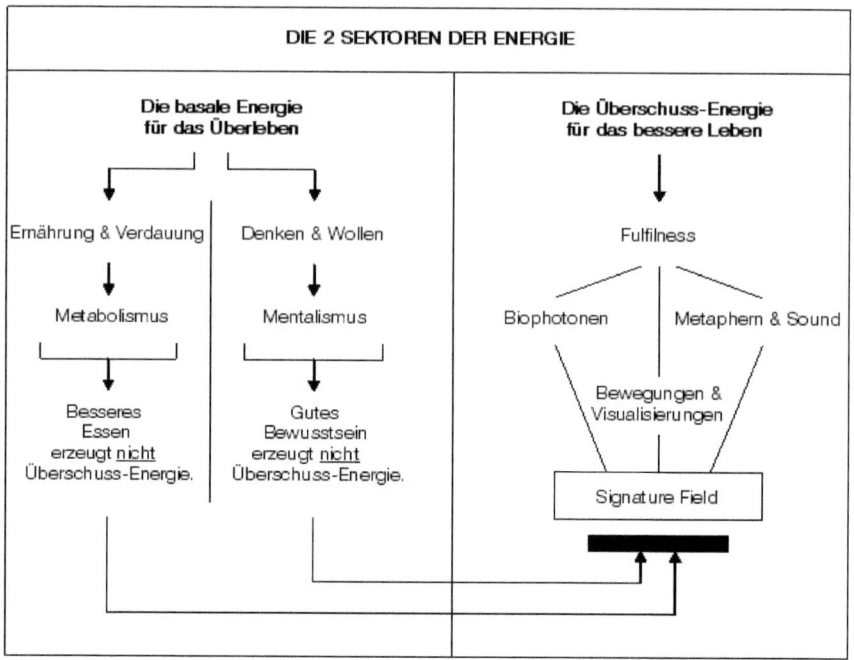

Das Signature Field ist das Fundament für die Selbstoptimierung im Leben eines Menschen, von Karriere bis Gesundheit, von Denken bis Seele. Es ist die individuelle Kompetenz eines Menschen, sein Leben in ein geglücktes Leben transformieren zu können, also das persönliche Optimierungsfeld. Über dieses Feld fliesst die Überschussenergie für das Besserwerden in den menschlichen Organismus.

Der Trend- und Zukunftsforscher Gerd Gerken macht es deutlich. „Die Forschung hat gezeigt, es gibt keinen Sprung von der basalen Energie für das Leben in die Überschussenergie für das Besserwerden. Das sind zwei ausgesprochen unterschiedliche Sektoren. Überschussenergie ist die einzige Energie, die optimierende Ordnung produzieren und in den Organismus hineintragen kann. Das Leben braucht die Überschussenergie für seine Selbstoptimierung. Dieser Prozess für optimierende Ordnung findet ausserhalb der Regelkreise von Metabolismus und Mentalismus statt, nämlich über den leiblich-energetischen Lichtstoffwechsel. Er wird durch

Fulfilness aktiviert und in sich selbst optimiert. Fulfilness benutzt diesen vorhandenen biologischen Regelkreis und verstärkt den positiven Einfluss der Negentropie auf die Entropie. Fulfilness verbessert die Biologie des Besserwerdens."

<u>Selbstoptimierungsstrategien verbessern das Leben.</u>

Warum beschreiten Manager fast ausschliesslich den mühsamen und steinigen Weg, um das Unvermeidbare (Entropie) zu verbessern? Warum kümmern sie sich kaum um die ebenso real bestehenden Möglichkeiten der Selbstoptimierung (Negentropie)?

Alle wollen schliesslich immer noch besser und noch erfolgreicher werden. Auf dem Weg dahin können leider viele den Prozess der Selbstoptimierung nicht erkennen, blenden ihn einfach aus oder unterschätzen sein Potenzial. Selbstoptimierung ist für Führungspersönlichkeiten wesentlich Erfolg versprechender und günstiger als herkömmliche Bemühungen um Balance. Führungskräfte müssten ihrem Leben einfach die stimulierenden Impulse für ihre Selbstoptimierung geben, zum Beispiel durch Fulfilness.

<u>Führungspersönlichkeiten, die in die Selbstoptimierung einsteigen, führen bedeutende Lebensinhalte zusammen wie Erfolg, Karriere, Sinn, soziales Umfeld und Vitalität.</u>

Erfolg beschränkt sich dann nicht mehr auf das Berufsleben und Glück findet nicht mehr nur im Privatleben statt, beides wird gleichzeitig im ganzen Leben wahrscheinlich. Die Wahrscheinlichkeit steigt, dass diese Persönlichkeiten eine höhere Balance in ihrem Leben erreichen, ohne sie anzustreben, weil sie ihnen wie von selbst gelingt.

Natürliche Balance für Persönlichkeiten: Besserwerden über Gesamtorganismus organisieren statt nur in Aussenwelt.

Im Business sind die meisten Leute richtig stolz darauf, objektiv zu entscheiden und rational zu handeln.

Sie meinen, je objektiver und rationaler sie wären, umso weniger Fehler würden sie machen und umso weniger Schäden würden entstehen. Sie sind überzeugt, dadurch ganz objektiv eine bessere und erfolgreichere Karriere zu machen, ein glücklicheres Leben zu führen. Sie übersehen, dass sie selbst ausgesprochen subjektiv dieses Objektive konstruieren. Sie leben in ihrer Aussenwelt (Geist und Körper), fixiert auf ihre Objektivierungen und wollen so ihr ganzes Leben bewältigen.

Sie wollen alles noch klarer, noch logischer und noch einfacher haben. Sie sind dann frustriert, wenn sie trotz ihrer Anstrengungen die steigende Komplexität kaum mehr ertragen, Überraschungen im Alltag zunehmen und Unsicherheiten normal werden. Sie wundern sich, dass sie all diese typischen Vorkommnisse des Werdens nicht in den Griff kriegen. Sie wollen zwar im ganzen Leben besser werden, aber sie treffen die entsprechenden Massnahmen eben grundsätzlich nur auf einer Seite, in ihrem Sein, ihrer Aussenwelt.

Sie haben ein recht seltsames Identitätskonzept verinnerlicht, in dem sie ihre beschädigte Innenwelt (Seele und Leib als Energy Body sowie geistige und Innenseite des Körpers) wenn immer möglich ausklammern. Sie empfinden diese als diffus und störend, ja sogar als irrational. Sie verstehen diese Irritationen kaum als Zeichen, dass bei ihnen etwas nicht stimmt. Sie versuchen konsequent, in ihrer objektiven Aussenwelt ihre angeschlagene Innenwelt zu heilen oder zu unterdrücken.

Sie sind überzeugt, dass sie damit erfolgreicher, gesünder und glücklicher würden, was ihnen regelmässig misslingt. Sie ziehen sich unentwegt Fachwissen rein, ernähren sich gesünder, bewegen sich intensiver und entspannen gezielter. Trotz aller Bemühungen bleiben sie auf ihren vergangenen Erfolgen sitzen, leben sie angeblich immer ungesünder, werden unglücklicher und geben dafür erst noch viel mehr aus. Auch Depressionen und chronische Unpässlichkeiten sprechen da eine deutliche Sprache.

Die linke Seite repräsentiert das Objektive des Lebens, das Sein, die Aussenwelt. Die rechte Seite fokussiert auf das Subjektive des Lebens, das Werden, die Innenwelt. Das Subjektive ist genauso konkret wie das Objektive. Das Sein setzt das Werden voraus. Innenwelt und Aussenwelt sind gleich real und weder abstrakt noch irrational. Irrational ist höchstens, dass viele Businessleute diese Zusammenhänge unter den Tisch wischen.

<u>Der Gesamtorganismus (Abbildung Seite 12) eines Menschen ist erst dann wirklich vital, wenn das gesunde Werden in das aktuelle Sein hineinfliesst.</u>

Dieser Prozess der Selbstoptimierung läuft auch in den menschlichen Zellen ab, die sich ja permanent erneuern, ohne dass sich die äussere Form verändert.

Wer die rechte Seite unterdrückt, verhindert energisch, dass sich der Gesamtorganismus selbstoptimiert. Gerade im Business erkennen viele nicht, dass dieser Prozess nur stattfindet, wenn die rechte Seite heil ist und nicht unterdrückt wird. Fehlt diese Erkenntnis, verstärken diese Leute ihre Anstrengungen in ihrer Aussenwelt zulasten ihrer Innenwelt. Sie machen gemäss Paul Watzlawick „mehr vom Gleichen ... mehr vom Falschen". Das gesunde Zusammenspiel zwischen Sein und Werden bleibt aus. Schliesslich stimmen weder Aussen- noch Innenwelt. Der gesamte Organismus leidet. Daran sieht man auch, wie real sowohl Aussen- als auch Innenwelt sind.

Ein Teufelskreis entsteht: Immer mehr Geist und Körper, immer weniger Seele und Leib. Das Denken wird übergewichtet. Der Körper wird verherrlicht. Das Bermuda-Dreieck entsteht, aus dem ein Entrinnen zunehmend schwieriger wird: Ich-will / Ich-denke / Ich-bin. Dann arbeiten die Systeme des Organismus nicht mehr harmonisch zusammen, weder Geist und Körper noch Seele und Leib, auch ihre Subsysteme Hormon-, Immun- und Nervensysteme nicht. Die wenigsten Fach- und Führungskräfte sehen diese Zusammenhänge, weil sie in ihrem Bermuda-Dreieck gefangen bleiben.

Im Business, auch in Technik und Wissenschaft, dominiert die linke Seite.

Sie hat zwar im Zusammenspiel mit der rechten Seite der Menschheit den Fortschritt erst ermöglicht und sie dahin gebracht, wo sie heute steht. Dieses ausgleichende Zusammenspiel hat lange Zeit einigermassen funktioniert und sich selbst reguliert. Leider ist in den letzten Jahren bis Jahrzehnten anstelle dieser natürlichen Balance im menschlichen Organismus eine Fehlprogrammierung getreten. Körper und Geist haben überhandgenommen und die Macht an sich gerissen. Ideologien wie die permanente Körperpflege (Ernährung, Medizinalisierung, Sport, Total-Body-Management) entstanden, die die rechte Seite kraftvoll ausblenden und zu Defiziten führen, die nicht einfach kompensiert werden können. Die linke Seite kämpft heftig gegen die rechte Seite.

Viele Menschen sehnen sich danach, aus dem Teufelskreis auszubrechen, darum ja auch der aktuelle Wellness-Boom. Sie wollen abschalten (kaum denken) und verwöhnt werden (kaum sich anstrengen). Entsprechende Treatments vermögen Seele und Leib nur für ein paar Stunden in Resonanz zu bringen. Es sind lediglich Antistressaktivitäten, die kurzfristig Defizite kompensieren und Fehlprogrammierungen im Organismus nicht auflösen. Wer bei Ersatzritualen landet, bleibt auf der linken Seite.

Rational orientierte Menschen, insbesondere Geschäftsleute und Politiker, sind überzeugt, dass Leben etwas extrem Abstraktes sein. Um ihre Karriere und ihr Leben wirklich verbessern zu können, müssten sie ganz intensiv auf der linken Seite investieren und arbeiten. Die Welt soll schliesslich objektiv besser werden. Das Subjektive ist für sie höchstens ein Störfaktor, den sie umgehen oder ausmerzen wollen. Sie kämpfen gegen den Einfluss von Seele und Leib. Dabei vergessen sie, dass gerade die rechte Seite die Einflugschneise für ihre Lebenskraft ist. Ihr Selbstoptimierungspotenzial bricht dann zusammen und bedeutende Energien fallen weg.

Das Gegenteil passiert, wenn sich eine natürliche Balance im Berufs- und Privatleben entfaltet. Neue Lösungen dafür bietet zum Beispiel das Konzept von Fulfilness. Durch entsprechendes Vorgehen rutscht die linke Seite bewusst aus dem Zentrum aller Bemühungen. Massnahmen für Seele und

Leib rücken in den Mittelpunkt. Sie aktivieren und pflegen die Innenwelt. Diese Prozesse programmieren das Leben auf die rechte Seite um, die als Einflugschneise für die Überschussenergien dient, die dann in alle Systeme und Subsysteme des Organismus einfliessen.

<u>Wer sich auf die rechte Seite einlässt, spürt rasch einmal, dass es eben die Innenwelt und das ewige Werden sind, nicht etwa das aktuelle Sein, die die entscheidenden positiven Impulse für die Karriere und das Leben geben.</u>

Voraussetzung für diese Einsicht ist, dem Bermuda-Dreieck zu entkommen, was durch eben diese Massnahmen für Seele und Leib am einfachsten gelingt. Was also Seele und Leib hilft, löst gleichzeitig das Bermuda-Dreieck auf. Wer sich weiterhin an die anstrengenden und aufreibenden Objektivierungsprozesse klammert, wird nie so weit kommen.

Nun meinen viele im Business, dass sie abgehoben daherkommen, wenn sie sozusagen offiziell ihre Innenwelt pflegen. Das ist überhaupt nicht so. Die Pflege von Seele und Leib hat auch überhaupt nichts mit Gefühlsduselei zu tun. Das Leben bewegt sich nur von der rechten zur linken Seite hin und wird umfassend besser, einfach so. Überhaupt nichts Abgehobenes oder Geheimnisvolles geschieht. Das Umfeld dieser Leute bemerkt nicht einmal, dass sich ihr Leben so verschiebt. Es stellt aber meistens fest, dass sie müheloser erfolgreicher werden.

Diese erfolgreicheren Businessleute bemühen sich dann auch nicht mehr um herkömmliche Balance-Konzepte. Sie geben einfach ihre krampfhaften Versuche auf, Balance nur in der Aussenwelt herzustellen. Sie stellen die natürliche Balance in ihrer Innen- und Aussenwelt, also in ihrem Gesamtorganismus sicher. Sie fusionieren damit wichtige Lebensinhalte wie Erfolg, Karriere, Sinn, Gesundheit und soziales Umfeld. Sie optimieren sowohl ihr Berufs- als auch ihr Privatleben. Sie ernten den stabilen Erfolg und machen umfassend Karriere.

Highperformer und Highpotential: Wege zu neuer Kernkompetenz.

<u>Die so genannten Macher geraten noch stärker ins Kreuzfeuer der Kritik.</u>

Die Wirtschaft oder mindestens bedeutende Teile von ihr schlingern immer öfters. Fatale Fehleinschätzungen, grenzenlose Übertreibungen oder geistloser Stolz einst angesehener Leader führen ihre Unternehmen laufend in Sackgassen. Grosse Strategen und anerkannte Macher denken und handeln angeblich rational und logisch. Doch ihre Resultate sind enttäuschend, oft sogar niederschmetternd. Erst wenn der Erfolg ausbleibt, meinen ihre Kritiker, das Verhalten wäre irrational und unlogisch gewesen.

<u>Die Ratio-Logik hat ausgedient – was die meisten Wirtschaftsexponenten unter den Tisch wischen.</u>

Wir sind im Business meistens mächtig stolz auf unsere rationalen Entscheide und unser logisches Handeln. Schliesslich fordern auch die meisten Unternehmen dieses Vorgehen von ihren Fach- und Führungskräften. Diese Ära von Ratio und Logik geht zu Ende. Viele haben es noch gar nicht realisiert, wollen es einfach nicht wahrhaben oder bleiben jetzt erst recht dabei. Doch es wird immer offensichtlicher, dass die Ratio-Logik die persönliche Entwicklung hemmt.

Beharren wir auf dem Dogma von Ratio-Logik, geraten wir immer tiefer in den Strudel unseres selbst gewählten Bermuda-Dreiecks, das sich an das Erbe von Descartes anlehnt. Wenn wir uns gegenüber wirklich ehrlich sind, stellen wir jedoch fest: Logischeres Denken und stärkeres Wollen bringen uns schon seit einiger Zeit nicht mehr bessere Erfolge.

Wir sind auch stolz auf unsere Erfolge. Wie fast alle überschätzen wir unsere persönlichen Beiträge und unterschätzen die zeitlich günstigen Bedingungen in unserem Umfeld, die dazu geführt haben. Wir berufen uns bei unseren Entscheiden und Handlungen auf das Prinzip von Ursache und Wirkung. Das Input-Output-Schema funktioniert aber nicht mehr in diesen komplexer werdenden Zeiten.

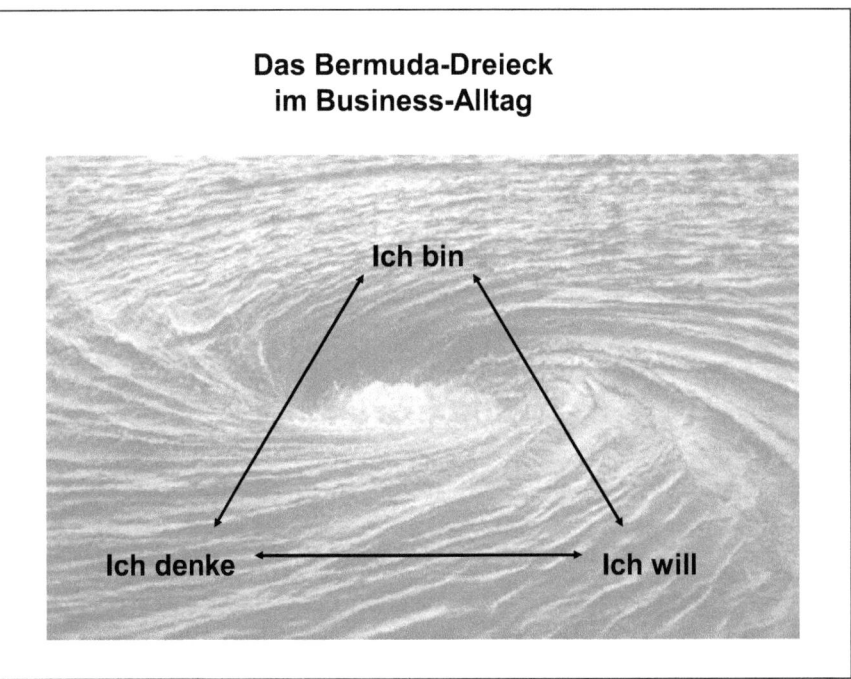

Ausgerechnet Unternehmen und Wirtschaft negieren die Erkenntnisse aus der Quantenphysik, wonach lebende Organismen durch Bio-Logik besser werden und nicht durch Ratio-Logik. Sowohl sie als auch wir selbst sind doch prachtvolle Exemplare von lebenden Organismen. Wir werden immer komplexer und können auf höhere Bewusstseinsebenen gelangen.

Wir brauchen zum Beispiel einen komplexer werdenden Geist. Wir müssen alles dafür tun, dass er ständig noch komplexer wird, damit wir die ebenfalls komplexer werdende Zukunft mitgestalten können. Strategien wie „keep-it-simple-stupid" bringen uns da nicht weiter. Denn Komplexitätsreduktionen sind absurd, defensiv und sogar richtig kontraproduktiv. Sie bremsen unsere zukünftige Entwicklung.

Wenn wir es schaffen, unseren Geist komplexer zu machen, brauchen wir die Komplexität nicht zu reduzieren. Denn Komplexität ist nicht das Problem unserer modernen Zeit sondern für die Lösung unserer anstehenden Probleme matchentscheidend.

Die Evolution macht es uns vor, sie treibt sich selbst immer weiter und wird immer besser.

Vergessen wir vieles, was wir bis jetzt gemacht haben und gerade im Business, wie wir es bis jetzt gemacht haben. Denn das meiste, was wir unternommen haben, um dahin zu gelangen, wo wir heute stehen, wird uns nicht mehr weiter bringen. Die Ratio-Logik gehört dazu. Beginnen wir endlich aus der Erfolgsgeschichte der Evolution zu lernen.

Die Evolution funktioniert bio-logisch. Sie hat einen universellen Selbstoptimierungscode, der dem aufmerksamen Beobachter offenbart: immer weiter, immer besser. Der deutsche Trend- und Zukunftsexperte Gerd Gerken hat das so formuliert: „Es ist historisch bewiesen, dass es auf unserer Erde bis jetzt nur ein Besserwerden gab. Es gibt uns Menschen schon relativ lange, und wir haben allerhand erlebt und viel Unsinn gemacht. Aber à-la-longue, über einen grossen Kamm geschert, ist es immer besser geworden. So ist das, was im Augenblick passiert, ein kleines Kristallkörnchen des Besserwerdens, unabhängig davon, wie es vom persönlichen Leben gerade gedeutet wird oder welche situativen Emotionen es gerade hervorruft."

Für Albert Einstein war dieses Urprogramm der Evolution die kosmische Absicht. Quantenphysiker sprechen vom Quantenhintergrund, der Bewegung oder gar der Ursache aller Ursachen. Gerken nennt diesen Evolutionscode den Code des Besserwerdens und sagt dazu: „Wenn es gelingt, diesen Code des Besserwerdens zum universellen Programm im Organismus zu machen, wird das ganze Leben eines Menschen auf Besser gepolt." Gerken hat es denn auch geschafft, diesen Code so in die Programme von Fulfilness zu integrieren, dass dieser situativ in Körper, Geist und Seele einfliessen kann.

Evolution umfasst eben alle Lebensbereiche und Systeme des Gesamtorganismus, die schliesslich auch alle miteinander zusammenhängen. Die Quantenphysik hat schon längst bewiesen, dass alles mit allem zusammen hängt. Der Abschied von Linearität in komplexen lebenden Systemen wie einem Unternehmen und der Wirtschaft oder ihren Exponenten müsste eigentlich längst vollzogen sein.

Doch gerade diese Systeme haben das bis heute kaum eingesehen. Ihre Dogmen sind Ratio-Logik und Ursache-Wirkung. Sie beharren auf Strukturen, Sicherheiten und Kontrolle. Sie verstärken diese Maximen durch ihr Denken, Entscheiden und Handeln. Sie meinen irrtümlicherweise, es wären ewige Gesetze. Sie übersehen die Bedeutung und verpassen den Weg, um sich einzustellen und umzuschwenken auf offenes Werden, Ungewissheiten und Unkontrollierbarkeit.

Wer heute im Leben wirklich weiterkommen will und umfassend erfolgreich sein will, entwickelt sämtliche Lebensbereiche und Systeme des Organismus gleichzeitig. Selbstverständlich ist das äusserst anspruchsvoll. Und es gelingt definitiv nicht mit den bekannten Erfolgs- und Glücksstrategien, die auf Ratio-Logik und Ursache-Wirkung basieren. Diese missachten nämlich das Prinzip der Selbstoptimierung. Selbstoptimierung ist nicht-rational, ohne irrational zu sein. Sie ist bio-logisch, ohne unlogisch zu sein. Ihre Effekte sind eher diffus und nicht-linear.

<u>Die neue Kernkompetenz im Business heisst Selbstoptimierung.</u>

Meine Beobachtungen haben gezeigt, dass auf dem Weg zu dieser Selbstoptimierung die Dogmen von Ratio-Logik, Ursache-Wirkungs-Prinzip und Input-Output-Schema überwunden werden müssen. Diese Kompetenzen haben ausgedient, obwohl die meisten Leute in der Wirtschaft immer noch krampfhaft daran festhalten und doch viele praktische Beispiele zeigen, dass sie uns nicht mehr wirklich weiter bringen. Unser logisches und rationales Denken hält uns davon ab, die Ratio-Logik zu überwinden, die unsere zukünftige Entwicklung blockiert. Wir können nicht sehen, dass wir nicht sehen. Unser blinder Fleck verunmöglicht unsere Weitsicht.

Programme der Selbstoptimierung liefern uns den Stoff (Code des Besserwerdens), um diese alten Überzeugungen zu durchdringen. Mit ihnen verlassen wir die ausgetretenen Pfade und gelangen über neue Wege zu Erfolg und Karriere, zu Sinn und Vitalität. Meistens erkennen wir aber erst dann, dass Selbstoptimierung wirklich stattfindet, wenn diese zu unserem Standardprogramm und zu unserer Kernkompetenz gehört. Paradox? Ja. Denn mit Ratio-Logik überwinden wir uns nicht dazu und schaffen wir es auch nicht. Wir brauchen Mut und Vertrauen, um uns auf das Unbekannte und Ungewohnte der Selbstoptimierung einzulassen. Wir können aus diesem Teufelskreis ausbrechen, wenn wir einen wirksamen Weg wählen und die richtige Methodik einsetzen.

Das Potential für die Selbstoptimierung schlummert in jedem von uns. Wenn wir es aktivieren, werden alle Facetten unseres Lebens von diesem evolutionären Code durchdrungen, Das gelingt mit einer Kombination aus Bewegungen, Biophotonen, Metaphern, Sound und Visualisierungen am effektivsten und effizientesten. Die wissenschaftlichen Grundlagen und empirischen Erkenntnisse kommen aus Biomedizin, Biophotonik, Neurolinguistik, Molekularbiologie, Neurophysiologie und Quantenphysik. Jedermann kann die Methodik dazu lernen.

Selbstoptimierung wird zur zukünftigen Kernkompetenz der Highperformer und Highpotential. Denn diese wollen ihre Zukunft nicht nur bewältigen sondern mitgestalten. Dafür müssen sie co-evolutionär vorgehen und sowohl sich selbst als auch das Business bio-logisch vorwärts zu treiben. Selbstoptimierung ist ja nichts anderes als angewandte Bio-Logik oder Evolution-in-Action. Wer Selbstoptimierung anstrebt, sorgt dafür, dass der Code des Besserwerdens in seinen Alltag kommt.

Unsere zukünftigen Erfolge entstehen idealerweise aus dieser Selbstoptimierung. Sie sind bessere und erfolgreiche Erfolge, weil sie unser ganzes Leben umfassen. Sie verlangen von uns keine Opfer und Verluste. Sie verursachen keine seelische Kosten und Raubbau. Weil sie so umfassend sind, profitieren sowohl Persönlichkeiten als auch ihre Unternehmen davon.

Karrieren geraten immer häufiger in Schieflage und Korrekturmassnahmen führen in Sackgassen

Die Anforderungen an alle Berufstätigen steigen. Die Risiken nehmen zu. Die Entscheidungsgrundlagen werden unsicherer. Die Handlungsspielräume werden enger. Die Beziehungen im Berufs- und Privatleben werden flüchtiger und instabiler. Die Komplexität breitet sich aus. Das alles passiert, ob Fach- und Führungskräfte wollen oder nicht, ob mit oder ohne sie.

Exzellentes Fachwissen genügt plötzlich nicht mehr, um den normalen Alltag zu bewältigen und schon gar nicht, um die Zukunft zu gestalten. Lineares, mechanistisches Denken greift zu kurz. Vergangene Erfolge werden weniger wichtig, weil der Ergebnisdruck grösser wird und Erfolge anders definiert werden. Alltagserfahrungen sind zwar wichtig, können aber auch behindern, um Neues anzupacken und mit Unbekanntem umzugehen.

Selbstverständlich müssen alle Persönlichkeiten weiter fachlich auf höchstem Niveau mitreden können und sich dafür weiterbilden. Doch je höher sie in der Hierarchie steigen, umso wichtiger werden ihr eigenes Wesen und wie sie mit anderen Menschen umgehen. Denn Beziehungen zu Kunden, Mitarbeitenden und Partnern sind äusserst komplex. Sie funktionieren selten nach dem gewohnten und lieb gewonnenen Ursache-Wirkungs-Prinzip. Dann zählt vielmehr das, was andere Menschen wegen ihnen empfinden, als das, was sie sozusagen mit harten Fakten beweisen können oder was sie beabsichtigt haben.

Alle Fach- und Führungskräfte sollten sich darum mindestens einmal im Leben diese grundsätzlichen Fragen sauber beantworten können, um im Laufe ihrer Karriere möglichst wenige böse Überraschungen zu erleben:

- Was will ich wirklich, wirklich in meinem Leben? Wofür brennt mein inneres Feuer?

- Wie gehe ich mit zunehmendem Druck um? Wie leistungsfähig bin ich tatsächlich?

- Wie beurteilt mein berufliches und privates Umfeld, wie ich mit Menschen umgehe?

Allfällige Hürden können überwunden, Lücken aufgefüllt, Mängel beseitigt, Schwächen ausgemerzt und Unkenntnisse geklärt werden. Wenn das gelingt, lohnt es sich für alle, weil es weit reichende Konsequenzen hat. Erfolge und Karriere gelingen dann, ohne dafür Lebenssinn, Familie oder Gesundheit zu opfern. In diesem Spannungsfeld von Angstfreiheit, Authentizität und Offenheit entscheidet sich, ob der Erfolg wirklich erfolgreich oder zum Flop wird. Auch, ob die Karriere zum Genuss oder zum Opferaltar für andere Lebensinhalte wird.

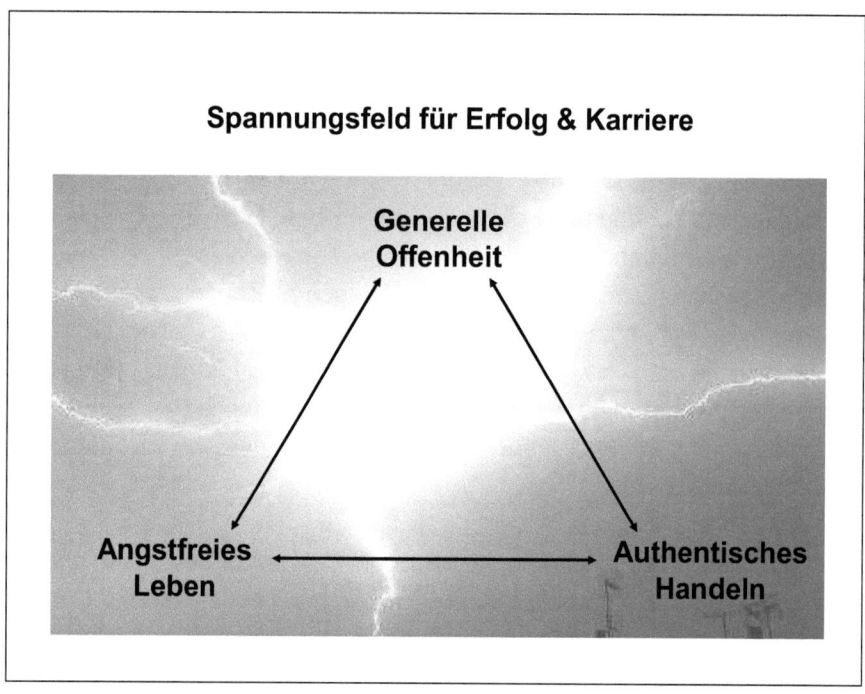

Der Sinn darf nicht verloren gehen, das Soziale nicht zu Schaden kommen und die Vitalität nicht den Bach hinunter gehen. Sonst droht Frustration. Dann geraten auch die objektiv erfolgreichsten Karrieren in Schieflage. Vorbeugen ist also angesagt, um Sinnkrisen zu vermeiden, die Seele zu pflegen und die Gesundheit aufrecht zu erhalten. Und gleichzeitig erfolgreich zu sein. Dafür gibt es unzählige gut gemeinte Lösungsvorschläge in Ratgebern und Seminaren. Die dahinter stehenden Konzepte von Bewegung, Disziplin, Ehrgeiz, Entspannung, Ernährung, Weiterbildung und Willen gleichen sich mindestens bei diesen Aspekten: Es gibt leider wenig Alltagstaugliches, das den Gesamtorganismus (Körper und Leib, Geist und Seele) umfasst, wenig Aufwand verursacht und auch noch Freude macht. Gerade beim Leitthema der heutigen Zeit, der Gesundheit, stecken viele Führungskräfte in einer Sackgasse oder bewegen sich in eine solche hinein: Seit Jahren oder gar schon Jahrzehnten predigen die Gesundheitsapostel aus den für unsere Volkswirtschaft so bedeutenden Wachstumsindustrien Ernährung, Medizin und Sport, wie die Menschen leben müssen, um gesund zu bleiben oder gesünder zu werden. Ausser einer extremen Medizinalisierung und einer schleichende Asketisierung des Lebens geschieht wenig. Beispiele gefällig?

Was gibt es doch an Nahrungsmittelangeboten und Diäten (Askese), die gesünder machen sollen. Functional und Medical Food. Angereicherte Nahrungsmittel oder solche mit medizinischem Nutzen. Es genügt nicht mehr, Essen einfach zu geniessen, es sollte nach den momentan neuesten Erkenntnissen gesund machen. Dafür geht die Lust am Essen verloren. Es reicht offensichtlich auch nicht, sich mit Wellness zu entspannen und sich etwas zu gönnen. Es braucht neuerdings Medical-Wellness, um für den angeblich so harten Alltag besser gerüstet zu sein. Die Sport-Medizin gibt es schliesslich schon seit Jahren. Sie muss jene medizinischen Probleme lösen, die ohne sportliche Aktivitäten gar nicht entstehen würden. Vorwiegend akute Fälle, irgendwann in der Zukunft noch die Spätfolgen der aktuellen Sport-Hysterie. Die Gesundheitstipps sind so vielfältig und kurzlebig wie die Kleidermoden unserer Zeit.

Die Ergebnisse dieser und anderer Bemühungen (zum Beispiel für mehr Lebenssinn und Familie durch Work-Life-Balance) sind eher kläglich: Gerade Führungskräfte setzen immer mehr Ratschläge in die Praxis um und werden angeblich trotzdem immer kränker. Und dafür wenden sie immer noch mehr auf. Sie machen immer mehr vom Gleichen ... immer mehr vom Falschen. Selbstverständlich ist die Gesundheit eine wichtige, aber bei Weitem nicht die einzige Voraussetzung für Erfolg und Karriere. Alle wollen schliesslich gesund bleiben. Doch Fach- und Führungskräfte sollten besonders jene

Erfolgsintelligenz aufbauen und pflegen, die ihre persönliche Vitalität umfassend verbessert und in diesem Kreislauf gepflegt wird:

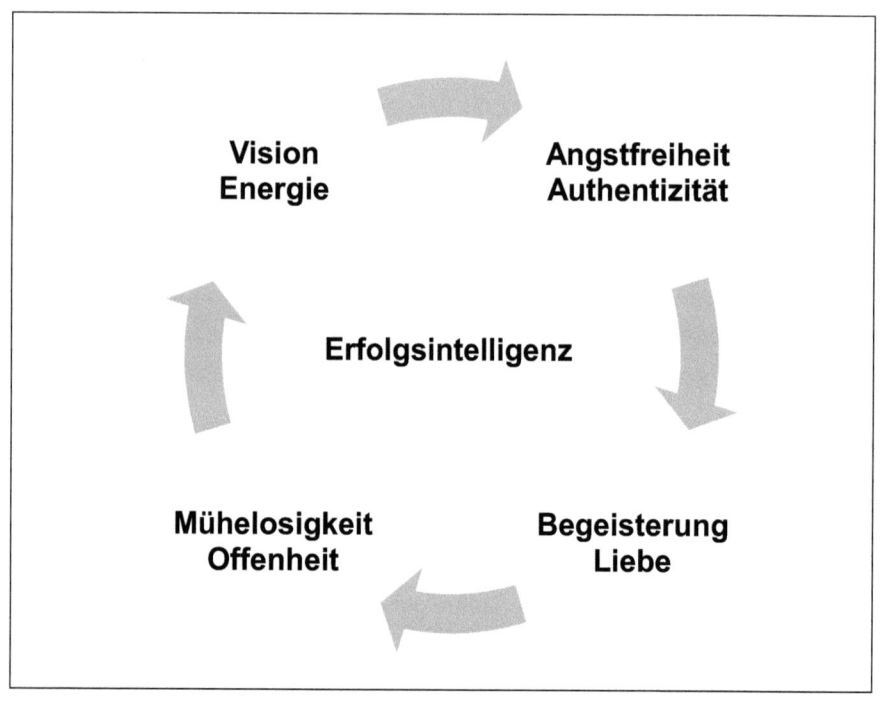

Der MAN-Diesel-Chef, Georg Pachta-Reyhofen, hat kürzlich gesagt: „Führung durch blossen Druck funktioniert nicht ... es geht darum, die eigene Energie zu multiplizieren." Die eigene Energie kann relativ einfach vervielfacht werden: Wer angstfrei durch das Leben geht, bleibt authentisch. Wer begeistert seinen Weg nimmt, erntet die Liebe (Begeisterungsenergie) sowohl seines beruflichen als auch seines privaten Umfeldes. Das ganze Leben glückt dann mühelos. Diese Menschen sind grundsätzlich offen gegenüber Unbekanntem und Ungewissheiten. Sie verbinden ihre persönliche Vision mit ihrem aktuellen Leben. Sie erhalten durch ihre Lebensweise einzigartige Energien, die sie durch Bewegung, Disziplin, Ehrgeiz, Entspannung, Ernährung, Selbstreflexion, Weiterbildung und Willen nie und nimmer aufbauen können. Die meisten herkömmlichen Massnahmen, die in Schieflage geratene Karrieren korrigieren sollen, führen wohl deshalb noch tiefer in Sackgassen, weil sie diese Energien kaum verstärken und nicht ergänzen können. Einige davon wirken sogar kontraproduktiv.

Wer seine Energien vervielfachen und dazu sein schlummerndes Potential für permanente Verbesserungen aktivieren kann, durchbricht die Mauern der Sackgassen. Das ist der Durchbruch zu einem Leben, in dem Erfolg (Karriere, Leistungsfähigkeit) und Glück (Lebenssinn, Soziales, Vitalität) gleichzeitig möglich sind. Dieses Selbstoptimierungspotential liegt eingebettet in der Überschussenergie, die für jeden menschlichen Organismus verfügbar ist. Dieser grundsätzliche Code des Besserwerdens sorgt schliesslich im Alltag auch für Selbstheilung und -verbesserung. Die Überschussenergie muss also nicht speziell hergestellt werden. Doch sie muss genutzt werden für das persönliche Leben. Der Gesamtorganismus optimiert dann das moderne Leben: Leistung, Erfolg und Karriere genauso wie Lebenssinn, Gesundheit und Glück. Leider erkennen viele im Business diese Möglichkeiten der Selbstheilung und -verbesserung kaum, weil sie sich selbst den Blick aus ihrem Bermuda-Dreieck hinaus versperren. Sie definieren sich (Selbstreflexion) halt vorwiegend durch Denken und Willen (lineare Prozesse).

Doch die Selbstoptimierung ist ein nicht-linearer Prozess und findet eben vorwiegend ohne bewusstes Handeln statt, ohne Denken und Wollen. Viele meinen deshalb, sie wäre etwas Abgehobenes. Dabei ist sie so real wie nur etwas: Menschen erleben sie zum Beispiel bei Spontanheilungen. Aber das Bermuda-Dreieck verhindert, dass sich Selbstoptimierung auf alle Lebensbereiche ausdehnen lässt. Denn Denken, Selbstreflexion und Wille unterdrücken erfolgreich die dafür notwendige Überschussenergie. Welche Menschen haben es besonders schwer, aus diesem Strudel herauszufinden? Es sind jene, die stolz auf ihr angeblich objektives Denken und ihren starken Willen sind. Jene, die eher detailverliebt sind und die sich weniger gewohnt sind, grosse Zusammenhänge aufzudecken. Und auch solche, die immer lineare und möglichst kurzfristige Wirkungen erwarten, wenn sie etwas machen. Persönlichkeiten aus dem Management müssten sich also besonders anstrengen, um aus diesem Strudel herauszufinden.

Wenn Fach- und Führungskräfte selbstoptimiert arbeiten, werden sie lern- und leistungsfähiger. Gelingt ihnen das, beugen sie mühelos plötzlichen Zusammenbrüchen und langsamem Ausbrennen vor. Alltagstaugliche Methoden (zum Beispiel bei Fulfilness) dafür existieren, Arbeit bleibt!

Diese Art Prävention kann entscheidend sein, wenn diese Persönlichkeiten neue und herausfordernde Aufgaben übernehmen. Was ja in dieser schnelllebigen Zeit fast ununterbrochen geschieht. Diese Persönlichkeiten werden die in sie gesetzten Erwartungen leichter erfüllen oder sogar übertreffen.

Die Konsequenzen der Selbstoptimierung sind umfassend:

- Mehr Kreativität im Kopf – mehr Produktivität im Beruf – kein erfolgloser Erfolg.

- Mehr Glück in der Seele – mehr Sinn in der Aufgabe – keine seelischen Kosten.

- Mehr Fitness im Körper – mehr Freude im täglichen Handeln – kein körperlicher Raubbau.

Mit falscher Stressverarbeitung zum Burnout?
(Autor: Dr. Felix Meier)

„Burnout" und „Stress" sind heute sehr populäre Begriffe und werden in allen Gesellschaftskreisen häufig verwendet. In der globalisierten Leistungsgesellschaft werden die täglichen Probleme zuhause und bei der Arbeit immer mehr als Belastung empfunden. Dieses Unbehagen im hektischen Alltag kann auf die Dauer zu gesundheitlichen Beschwerden führen. Andererseits kann ein Burnout als Leistungsausweis bei der Arbeit und im Privaten dienen, da man sich ja für andere aufgeopfert hat. Das Burnout-Syndrom (BOS) ist keine offizielle medizinische Diagnose, sondern ein Risikozustand, der zu psychischen oder somatischen Krankheiten führen kann. Die Ursachen für ein BOS sind so verschieden wie dessen Symptome. Aber auch die Konstitution und die Arbeitseinstellung des Betroffenen spielen für den Verlauf des Erschöpfungsprozesses eine wichtige Rolle.

Dr. Herbert Freudenberger, Psychoanalytiker, New York, beschrieb im Jahr 1974 den Begriff „Burnout" als Selbsterkenntnis in einer Publikation. Sehr intensives Arbeiten unter innerem Druck und ohne Pausen, dazu stetes Helfen kann zu einem Zustand der psychischen und physischen Erschöpfung führen. Für die Definition des Burnout-Phänomens wird meistens die Beschreibung von Maslach et al. verwendet. Drei Aspekte sind für das Burnout-Syndrom (BOS) wesentlich: die emotionale Erschöpfung, die Depersonalisierung und das reduzierte persönliche Leistungsempfinden. Zur Quantifizierung des BOS haben zahlreiche Autoren Erhebungen mit Fragebögen durchgeführt. Oft wurden die Umfragen auch landestypisch modifiziert. An der Universität Zürich wurde ein Programm zu Stressmanagement und zur Burnout-Prävention im Gesundheitswesen entwickelt.

Burnout ist keine Krankheit in der medizinischen Definition, sondern ein Risikozustand, der zu psychischen und somatischen Krankheiten führen kann. Verschiedenste Untersuchungsmethoden ergeben keine genau definierte Burnout-Diagnose, sondern zeigen Indizien einer Fehlentwicklung eines zeittypischen ätiologischen Prozesses auf. Trotzdem sollte nur von einem Burnout gesprochen werden, wenn gewisse Kriterien erfüllt sind. Das Burnout-Syndrom wird bestimmt durch einen Klinikfaktor (progredienter

Erschöpfungsprozess mit Leistungsabbau) sowie Umweltfaktoren (überfordernde Stressoren durch Leistungs- und Erfolgsdruck) und Individualfaktoren (überfordernde Selbstansprüche). Zur progredienten Erschöpfung gehört die Wechselwirkung zwischen Umweltfaktoren und individuellen Stressfaktoren, die aber schwierig abzugrenzen sind. Die burnouttypische Vulnerabilität wird durch überfordernde Stressoren verstärkt (T. Brühlmann). Mit BOS wird ein Zustand der Erschöpfung beschrieben, der auf Stressoren zurückgeführt wird. Arbeitsüberlastung durch ungünstige Arbeitsbedingungen, Druck sowie körperliche Anspannung führen zu Stress und können zu psychosozialen Beschwerden führen. Aber auch die individuellen psychologischen Persönlichkeitsmerkmale der Betroffenen wie Leistungswille und Perfektionismus können die Stresssituation verstärken. Besonders engagierte Personen sind vermehrt Burnout-gefährdet. Häufige psychische Folgekrankheiten des BOS sind Depressionen und Angstzustände. Aber auch somatische Folgezustände sind vielfältig wie z.B. chronische Schmerzzustände, Tinnitus, Hypertonie etc. Meistens bringt eine Kombination von Stressfaktoren das „Fass zum Überlaufen".

Je nach Ausmass des Burnouts kann die Therapie eine ambulante Lebensberatung bis hin zu einer stationären Behandlung umfassen. Die Lebensberatung soll zu einer Verbesserung der Work-Life-Balance führen, aber auch Ratschläge zu Essgewohnheiten und Schlafritualen sind bei beginnenden Burnout-Prozessen sehr nützlich. Da das BOS als Stressverarbeitungsstörung verstanden werden kann, ist ein gut geplantes Stressmanagement hilfreich. Durch Verständnis und Verbesserung der Stresstoleranz kann die individuelle Lebenssituation besser begreifbar und lebenswerter empfunden werden. Körperorientierte Therapien und meditative Ansätze sind wirkungsvoll, da das Körperempfinden eines Burnout-Patienten oft im hektischen Alltag verloren geht. Durch Meditation kann eine Entspannung von Körper und Geist gemeinsam herbeigeführt werden. Mittels kognitiver Verhaltenstherapie lassen sich Stressoren erkennen und durch korrektive Formen der Informationsverarbeitung vermindern. Biografische Prägungen können mit analytischen Methoden erforscht werden. Die Aufarbeitung solcher Erfahrungsmuster führt zu einer Veränderung des bisherigen Verhaltens und schafft Platz für neue Verhaltensformen. Wichtig ist auch die Lebenssinnfrage zu diskutieren. Durch übermässiges Erfolgsstreben werden oft die Lebensführung und das Selbsterleben eingeschränkt. Der Lebenssinn kann durch eine vertiefte Selbstverantwortung wieder gefunden werden, dadurch wird auch das Selbstsein in einer multidimensionalen Lebensform gefestigt. Da der Burnout-Prozess aus einer Kombination von zu grossen äusseren Belastungen und inneren Ansprüchen entsteht, ist in der Therapie für eine Reduktion der Stressoren zu sorgen. Dann sollte auf eine Entspannung im physischen und mentalen Bereich hingearbeitet werden. Die Erholung kann mit verschiedensten Methoden erreicht werden. Die Verspannungen und Verkrampfungen basieren meist auf einer Blockade der Körperenergie. Zur Optimierung der Energiebalance bieten sich viele Entspannungsmethoden an. Meiner Ansicht nach ist die Akupunktur eine sehr geeignete Behandlungsmethode zur Auflösung von Energieblockaden und zum Energieausgleich. Medikamente sind beim BOS nicht die erste therapeutische Massnahme, sie können aber – gezielt eingesetzt – eine gute Unterstützung für die Behandlung eines Patienten sein.

„Burnout ist keine medizinische Diagnose, aber ein vielfältiges modernes Thema, mit dem sich die Auseinandersetzung menschlich und medizinisch lohnt" (Toni Brühlmann). Burnout ist ein Erschöpfungsprozess, der zu psychischen und somatischen Folgekrankheiten führen kann. Dieser Risikozustand entsteht aus der Kombination von zu grossen Belastungen (Stressoren) und zu hohen inneren Ansprüchen (Stressverstärkern). Das Burnout entspricht einer Sinnkrise, deren Ursache in einem eingeengten Selbstverständnis und einer eindimensionalen Lebensform liegt. Die Burnout-Behandlung ist vielfältig und umfasst Beratung, Entspannungsmethoden, Coaching und medizinische Therapie. Zum Glück sind die Erfolgsaussichten einer persönlichen und abgestimmten Behandlung eines Burnouts recht gut.

Literatur

Freudenberger Hj, Staff burn-out. Journal of Social Issues 1974; 30: 159 – 164

Maslach C, Jackson SE. Maslach Burnout Inventory ("Human Services Survey"). Palo Alto, CA: Consulting Psychologists Press, 1981

Brühlmann, Toni: Praxis der Burnout-Diagnostik und -Therapie, Schweiz Med Forum 2012: 12(49), 955 – 960

Burisch M. Das Burnout-Syndrom. Heidelberg: Springer Verlag 4. Aufl. 2010

Carolin Isabell Wissel, Hans-Peter Jöhren: Burnout bei Zahnärzten Aktuelle Literaturübersicht Quintessenz 62: 1059 – 1066 (2011)

Ferdinand Jaggi: Burnout – praxisnah Georg Thieme Verlag Stuttgart (2008) ISBN 978-3-13-145901-5

Brühlmann, T., Was ist Burnout? Praxis 2007. 96(22): p.901-905.

Weiterführende Literatur ist beim Autor erhältlich.

Innovationsfähigkeit – die Liebe zum Unbekannten.

Alle wollen innovativ sein. Sie sind überzeugt: je innovativer, umso erfolgreicher. Doch viele wissen kaum, was es grundsätzlich braucht, um wirklich innovativ zu sein. Sie verwechseln Innovationen mit Gags und spritzigen Ideen. Viele meinen auch, wenn sie effizienter würden, wären sie auch innovativer. Wer effizienter wird, macht zwar vieles besser, aber in der Regel immer weiter dasselbe wie bisher. Das Bisherige geschieht zwar etwas besser, aber es passiert nichts Neues.

Selbstverständlich gibt es zu berücksichtigende Erkenntnisse und Techniken, die die Innovationskraft eines Unternehmens stärken. Grundsätze wie zum Beispiel: Ohne innovatives Geschäftsmodell gibt es kein Überleben. Unzufriedenheit inspiriert Innovation. Allianzen mit branchenfremden Partnern beschleunigen Innovations-Prozesse. Innovationscontrolling und Innovationsziele sind unerlässlich. Führungserfolg wird an Innovationserfolg gemessen. Unternehmenskultur schafft Voraussetzung für Innovationskultur.

Doch den meisten im Business fehlt die richtige Grundeinstellung, um innovativ zu sein. Sie halten am Bestehenden fest und wagen sich nicht an das Unbekannte. Ungewissheiten sind ihnen ein Gräuel. Lieber auf der vermeintlich sicheren Seite des Lebens strampeln als in unsichere Gewässer eintauchen. Doch innovationsfähig ist nur, wer das Schweben im Unbekannten und somit Unsicherheiten als ständige Begleiter liebt.

Wer keine Angst vor neuen Wegen und stürmischen Gebieten kennt, traut sich, bekannte Pfade zu verlassen und Grenzen zu überschreiten. Denn Angst verhindert Innovationen: zum Beispiel die Angst vor dem Versagen (Ehrgeiz) oder die Angst vor dem Unbekannten (Wille und Disziplin). Darum sind besonders ehrgeizige Menschen so aggressiv. Darum sind willensstarke und disziplinierte Menschen so dominant und mit enger Optik versehen. Ängstliche Menschen sind oft Weltmeister in Effizienz. Aber sie können nicht innovativ sein. Sie haben ein geistiges Programm verinnerlicht, das ihnen immerzu einflüstert: Vorsicht Neuland! Für sie ist alles Neue zum Vornherein einfach mal gefährlich. Sie finden ständig rationale Einwände, um Neues zu verhindern.

Diesen Menschen fehlt der naive Anfängergeist. Sie brauchen unendlich viele Daten und Fakten, bevor sie entscheiden. Sie sammeln Informationen aus der Vergangenheit, mit denen sie beweisen, dass das Bisherige gut genug ist oder besser funktioniert als das Neue. So leben und geniessen sie ihren Konservativismus. Selbstverständlich sind sie in ihren eigenen Augen keinesfalls konservativ, sondern eben unheimlich ehrgeizig, wahnsinnig willensstark und sehr diszipliniert.

Was diese Menschen noch nicht erlebt haben, ist nicht möglich. Es ist für sie undenkbar von Unmöglichkeiten auf Wahrscheinlichkeiten zu schliessen und daraus neue Wirklichkeiten zu entwickeln. Sie bleiben Verwalter des Bekannten und werden so nie die Zukunft mitgestalten, auch ihre eigene nicht. Sie wehren sich insgeheim gegen Innovationen und können diese selten freudig annehmen. Sie bleiben Spielball ihrer Umwelt. Sie beklagen sich dann, dass sie von anderen überholt werden und die Welt an ihnen vorbeiläuft. Sie wollen, wenn nur irgendwie möglich, das ganze Leben kontrollieren.

Aber Innovationen entstehen schlecht in einem kontrollierenden Umfeld. Sie brauchen das Gegenteil, nämlich loslassen, entsorgen von Bewährtem, verrückt spielen. Kontrollfreaks sind selbst selten innovationsfähig und können schlecht mit Innovationen umgehen. Leider sind Sie in allen Funktionen und auf allen Management-Ebenen immer noch zu stark vertreten.

Der Regisseur David Fincher hat mal gesagt: „Man kann keine Kontrolle über das Leben haben. Wir wollen es immer, und sei es nur für eine kurze Zeit, aber in Wirklichkeit können wir mit dem Leben kein Stillhalteabkommen schliessen." Was sollen also all die hoffnungslosen Versuche, die Kontrolle über das Leben übernehmen zu wollen? Was ist die Alternative?

Wer das Schweben im Unbekannten für sich und seinen Alltag instrumentalisieren kann, schafft in seiner Persönlichkeit die Voraussetzung, um mit Innovationen und Veränderungen spielerisch umzugehen. Der fühlt sich pudelwohl in diesem Schweben und müht sich nicht damit ab, das Leben kontrollieren zu wollen. Der menschliche Organismus sollte diesen Zustand des Schwebens erreichen, damit er die zunehmende Komplexität und die daraus entstehenden Spannungen aushalten kann. Womit das Loslassen vom Altbewährten überhaupt möglich wird.

Wer echt innovativ sein will, sollte mit dem Unbekannten kooperieren. Gehirn-Jogging hilft da definitiv nicht, weil dafür viel zu viel Wille eingesetzt wird, der das Bisherige eher noch verfestigt. Diese selbst aufgebauten mentalen Grenzen müssen überhaupt nicht sein. Denn im Raum des Geistes gibt es grundsätzlich keine Grenzen. Auch im Business nicht. Zum Glück. Aber innovationsfähig wird jemand erst dann, wenn sich die Glaubensmuster zersetzen, die aus Erfahrungen und Überzeugungen bestehen. Dann öffnet sich das Tor zum Unbekannten. Ist dieses Tor einmal offen, beginnt die Liebe zum Unbekannten, der Grundlage für Innovationsfähigkeit.

Um das Schweben im Unbekannten als Dauerzustand im Leben zu erreichen und zu geniessen, dafür eignen sich am besten spezielle Neuro-Rituale, die die heimlichen Grenzen im Gehirn durchbrechen.

Prävention: Wer echt Karriere macht, beugt dauernd selbst in allen Lebensbereichen vor.

Von Prävention zur Präventionitis.

Die Schweizer geben mit 2,1% der Gesundheitskosten weniger aus für Prävention als die OECD-Staaten mit 2,7% und als die USA mit 3,9%. Unzählige Angebote aus Bildungs-, Freizeit-, Medizin- oder Nahrungsmittel-Industrie sollen präventiv wirken. Es bestehen allerdings Zweifel, ob die Menschen mit den gut gemeinten Konzepten und zielgerichteten Massnahmen tatsächlich gesünder und besser werden.

Alles in allem geben wir immer mehr aus, um Krankheiten zu heilen und zu vermeiden. Aber statt gesünder zu werden, werden wir sogar immer kränker. Ob ein Präventionsgesetz oder gar ein Präventionsinstitut daran etwas ändern würden, steht in den Sternen. Viele Empfehlungen, Gebote und Verbote sind widersinnig, weil sie wenig bewirken.

Kürzlich fand eine Tagung der Stiftung „Gesundheitsförderung Schweiz" statt unter dem Motto „Gesundheitsförderung ist Chefsache". Interessante Konzepte und Massnahmen wurden vorgestellt, mit denen die Ziele der Stiftung angepeilt werden: körperliche und psychische Gesundheit fördern, Prävention verbessern und stärken. Die Chefs sollen dabei eine wichtige Rolle spielen, was grundsätzlich auch richtig ist. Sie müssen in ihren Unternehmen die Rahmenbedingungen dafür schaffen, dass die Mitarbeitenden nicht krank werden, gesund bleiben oder wieder gesund werden.

Führungskräfte sehen meistens ein, wie wertvoll Gesundheit für sie selbst und ihr Unternehmen ist. Sie sollten mit gutem Beispiel vorangehen. Bequemlichkeit oder Zeitmangel hindern sie zwar oft daran, für sich selbst etwas zu tun und ihr Verhalten zu ändern. Oder sie sind selbst überfordert, wenn sie die richtigen vorbeugenden Massnahmen auswählen sollen.

Diese lobenswerte Initiative, an deren Anfang das Absenzmanagement stand, widmet sich der Prävention und nennt sich heute „Betriebliches Gesundheitsmanagement". Die Anzahl Krankheitstage soll gesenkt und die

Produktivität auf allen Hierarchiestufen gesteigert werden. Die Ertragskraft im Unternehmen würde dann logischerweise zunehmen. Was selbstverständlich wichtig ist und allen Beteiligten nur Vorteile bringt.

Bei den gut gemeinten und zielgerichteten Vorbeuge-Massnahmen geht es meistens um Work-Life-Balance und ähnliche Anregungen, sowohl um solche für den Arbeitsplatz als auch um solche für den Privatbereich. Zurzeit gibt es so viele Präventionsmassnahmen, dass wir von einer eigentlichen Präventionitis sprechen können, von einer Überreizung des Begriffs. Schliesslich gibt es fast täglich neue Angebote. Da wundert es nicht, dass niemand mehr durchblickt und Frustration droht.

Führungskräfte trotz Erfolgen erfolglos?

Führungskräfte suchen leider erst Rat, wenn sie frustriert sind und kaum mehr weiter wissen. Weil ihre Karriere schon nicht ganz so verläuft, wie sie sich das vorgestellt hatten. Sie meinen, dass man halt mit Verlusten rechnen müsse. Die meisten verpassen es, rechtzeitig und vorbeugend das Richtige für ihre Karriere zu machen.

Doch sie dürfen in Zukunft nicht unter dem leiden, was sie heute machen oder unterlassen. Sie dürfen den Sinn nicht verlieren für das, was sie im Alltag tun. Sie sind zwar überzeugt, wenn sie immer ehrgeiziger und willensstärker würden, kämen sie weiter. Gleichzeitig unterdrücken sie ihre Gesundheit und zerstören ihre Vitalität, ohne dass sie das erfassen oder sich eingestehen. Sie vergrössern ihr Beziehungsnetz laufend, Networking ist schliesslich „in". Doch sie werden immer weniger fähig für längere und tiefere soziale Beziehungen. Körperlicher Raubbau und seelische Kosten sind die logischen Folgen. Auch die grössten Erfolge werden dann fad, so richtig geschmacklos – irgendwie einfach doch erfolglos.

Schlechte Karten für konventionelle Massnahmen.

Eine wirksame Prävention ist enorm wichtig. Sie ermöglicht den Menschen, nicht nur zu überleben, sondern das moderne Leben mitzugestalten. Sie darf sich jedoch keinesfalls auf die Gesundheit beschränken. Gesundheit darf in der Wirtschaft nie Selbstzweck sein. Gesundheit dient der verbesserten Leistungsfähigkeit. Diese führt zu einer höheren Ertragskraft im Unternehmen. Davon profitieren alle. Selbstverständlich müssen auch Lebenssinn und soziales Umfeld stimmen. Doch der Gesundheitsaktivismus kennt kaum noch Grenzen. Auch im Management nicht.

Vorbeugemassnahmen müssen gerade bei Führungskräften deren ganzes Leben umfassen. Der Fokus ist aber zurzeit fast ausschliesslich auf Körper und Geist (Bewusstsein, Denken, Wollen) gerichtet. Wer jedoch mit Massnahmen so intensiv auf das Sein fokussiert, auf Körper und Geist, blendet das Werden aus, die seelisch-leibliche Seite des menschlichen Organismus. Jene Seite nämlich, in der jede gute Prävention erfolgt. Diese Prävention umfasst eben alle Lebensinhalte. Wer sich also vorwiegend über Denken und Wollen selbst reflektiert und definiert, wer in seiner Objektivität von Körper und Geist verharrt und seine Subjektivität in Leib und Seele ausblendet, strampelt weiter im sich selbstverstärkenden Bermuda-Dreieck von „Ich-bin-Ich-denke-Ich-will".

In diesem Feld können Kämpfe gegen Krankheiten geführt und kann Selbstmanagement betrieben werden. Darin kann jedoch keine nachhaltige Prävention erfolgen. Auch mit immer mehr vom Gleichen nicht. Herkömmliche Prävention funktioniert hauptsächlich nach dem ziemlich medizinisch anmutenden Prinzip der Reparatur: hochdosiert, isoliert, linear, zielgerichtet. Ursache und Wirkung. Auf Körper und Geist ausgerichtet, wenig wirksam in Seele und Leib. Dieses Prinzip geht ganz gut, um etwas in der jetzigen Zeit wiederherzustellen, im Sein. Es geht ganz schlecht, um etwas vor der Zeit vorzubeugen, im Werden.

<u>Moderne Prävention durch Überschussenergie.</u>

Im Gegensatz zur Reparatur soll eine moderne Prävention etwas auslösen bevor Ereignisse passiert sind. Aber niemand kann im Voraus wirklich wissen, wann und wo zum Beispiel die nächste Krankheit entsteht. Darum bringen die sehr zielgerichteten Präventionsmassnahmen so wenig, ob aus Medizin, Ernährung, functional oder medical Food usw. Sie zielen bestenfalls auf zukünftige Ereignisse, die allenfalls gar nie stattfinden.

Umfassende Prävention wird als vorauslaufende Optimierung in Leib und Seele aufgebaut. Um besser zu verstehen, wie wir vorzeitig unsere Gesundheit und unser Leben verbessern können, empfiehlt es sich, die unterschiedlichen Energiesektoren anzuschauen: die Basisenergien für das Überleben und die Überschussenergie für das bessere Leben.

Die Basisenergien sind Energien des Seins. Sie entstehen durch Ernährung und Verdauung (Metabolismus) oder durch Denken und Wollen (Mentalismus). Wir brauchen sie grundsätzlich, um zu überleben. Aber der menschliche Organismus kann diese flüchtigen Energien schlecht speichern. Wir können kaum auf Vorrat essen oder im Voraus Willen erzeugen, um später etwas zu tun. Wenn wir beispielsweise schöpferisch tätig sein wollen.

Aus dieser Sicht sind Basisenergien denkbar ungünstig, um vorzeitig unsere Gesundheit und unser Leben zu optimieren. Doch fast alle bestehenden Präventionskonzepte basieren auf diesen Energien. Sie tun fast nichts für die seelisch-leibliche Seite des Organismus. Sie verdichten eher noch, was in Körper und Geist schon suboptimal läuft. Sie bringen deshalb enttäuschende Ergebnisse in der Prävention.

Die Überschussenergie ist die Energie des Werdens. Sie entsteht aus dem Lichtstoffwechsel. Licht (materialisierte Biophotonen) spielt die Hauptrolle bei der Herstellung von Überschussenergie. Es besteht aus Energie und Information (Code des Besserwerdens), den Grundlagen von jedem Erfolg. Übrigens auch von Glück.

Der Prozess wird ergänzt durch Metaphern und Sound, Bewegungen und Visualisierungen. Überschussenergie wird also vermehrt, im Leib gespeichert und diffundiert in alle Systeme des Organismus. Von Leib zu Seele, hinein in Körper und Geist. Auch in Hormon-, Immun- und Nervensystem. Dorthin, wo gerade Bedarf besteht. Die Überschussenergie macht eine gute Prävention, die im Gesamtorganismus stattfinden muss, überhaupt erst möglich.

Das entsprechende Konzept (Fulfilness) stützt sich unter anderem auf Erkenntnisse aus Biomedizin (Jacques Genest, Marc Cantin), Noeterik (Gerd Gerken), Photonenforschung (Fritz-Albert Popp) und Quantenphysik (David

Bohm). Das ist kein klassisches Entwicklungs- oder Förderungsprogramm. Es ist vielmehr das avantgardistische Lebens-, Leistungs- und Erfolgsprogramm für Führungspersönlichkeiten, die die Erwartungen des modernen Lebens übertreffen möchten.

Persönliche und unternehmerische Programme für Leben-Leistung-Erfolg			
		Gesundheitsförderung	Fulfilness
Strategie		Korrektur – Reparatur	Prävention – Selbstheilung – Selbstverbesserung
Vorgehen		Kampf – Manipulation	Mühelosigkeit – Stimulation
Richtung		von aussen	von innen
Fokus		Krankheit – Gesundheit	Vitalität – Leben
Feld		Bermuda-Dreieck	Wahrscheinlichkeit – Signature Field
Zeitraum		Jetzt	vor der Zeit
Dynamik		Sein	Werden
Ergebnis		linear-sektorale Wirkung	diffundierend im Gesamtorganismus

<u>Die Wirkungen im Alltag.</u>

Fulfilness ermöglicht Führungskräften, mit geringem Aufwand und bei grossem Ertrag, aus ihrem Bermuda-Dreieck auszusteigen. Wer diesen Weg wählt – also nicht nur mit Basisenergien sein Leben irgendwie bewältigt sondern mit Überschussenergie sein Leben verbessert – optimiert sich dauernd selbst, sowohl im beruflichen als auch im privaten Alltag:

- anhaltende Lernfähigkeit – grössere Stress-Stabilität – erhöhte Leistungsfähigkeit

- mehr Kreativität im Kopf – mehr Produktivität im Beruf – kein erfolgloser Erfolg

- mehr Sinn in der Aufgabe – mehr Glück in der Seele – keine seelischen Kosten

- mehr Freude im täglichen Handeln – mehr Fitness im Körper – kein körperlicher Raubbau

Fulfilness führt weg von den Bemühungen um die Gesundheit und Selbstmanagement hin zum umfassenden und alltagstauglichen Vitalitätsmanagement im Unternehmen. Wenn mindestens die prägenden Persönlichkeiten mit Fulfilness ausgestattet sind, dann bewegt sich das ganze Unternehmen geistig-energetisch auf Top-Niveau. Für mehr und besseren Erfolg.

Tune-Up des Lebens: Leben, Leistung und Erfolg – zeitstabil – jenseits von Denken, Wille, Ehrgeiz und Disziplin.

Immer mehr Führungskräfte haben Mühe mit den sich beschleunigenden Veränderungen im Leben. Viele bringen Leistung, Karriere und Erfolg kaum mehr auf einen Nenner mit Sinn, Umfeld, Vitalität und Glück. Wenige stehen dazu. Doch die vielen Fälle von Breakdown, Burnout, Depression, Melancholie und Resignation in Management-Kreisen sprechen eine deutliche Sprache. Korrektur- und Reparaturprogramme gibt es unzählige. Kaum etwas Zeitstabiles.

Führungspersönlichkeiten brauchen für ein richtiges Tune-Up ihres Lebens neue Programme, die der steigenden Komplexität in ihrem Berufs- und Privatleben umfassend Rechnung tragen. Fulfilness (oder ähnliche Konzepte) könnte die Lösung sein.

<u>Vielfältige Programme auf einen Nenner gebracht: „Ich-denke-und-ich will".</u>

Die reichhaltige Management-Literatur ist voller gut gemeinter Ratschläge. Programme wie Selbstkontrolle, Selbstmanagement, Selbstreflexion, Selbstoptimierung und Ähnliches. So wollen Führungskräfte die steigende Komplexität meistern, besser entscheiden und mit Ungewissheiten umgehen, rascher handeln können. Sie möchten auch mehr Sinn sehen, in dem, was sie im Alltag tun. Das soziale Umfeld sollte nicht zu kurz kommen. Die Gesundheit darf nicht darunter leiden.

Ziemlich viele und höchst anspruchsvolle Zielsetzungen für diese Programme ...

Bei fast allen Selbstprogrammen geht es um ein fokussiertes Doing. Wodurch die Manager etwas bei sich selbst direkt und zielbewusst erreichen wollen. Womit sie etwas mit sich selbst aktiv machen wollen. Nämlich sich selbst beobachten, sich selbst führen, sich selbst einschätzen, sich selbst verbessern usw. Ein umfangreiches Arsenal von Fitness-Programmen für Körper und Geist, die ihnen helfen sollen, sich selbst zu verbessern, und zwar ziemlich manipulativ. Damit sie sich bewusster werden und sich vorteilhafter verhalten. Oder dass sie sich am Ende gar selbst verwirklichen

Der denkende Geist soll dabei federführend sein. Führungskräfte müssen besser denken können, willensstark, ehrgeizig und diszipliniert sein. Wer diese Programme verinnerlicht, wird besser und leistungsfähiger. Erfolgreicher. Nebenbei macht der Job mehr Freude. Erfolgt kein Raubbau. Verschwinden seelische Kosten. Stimmt die Work-Life-Balance. Soweit das Versprechen.

<u>Baron Münchhausen lässt grüssen.</u>

Die Absichten sind ja nicht falsch. Schliesslich wünschen sich alle ein ständig besser werdendes Leben, beruflich und privat. Doch das Versprechen erinnert etwas an die Lügengeschichte von Baron Münchhausen, der sich samt Pferd am eigenen Schopf aus dem Sumpf herausgezogen haben will. Der denkende Geist soll sich selbst aus dem eigenen, grösstenteils selbst gemachten Sumpf herausziehen.

Das denkende Bewusstsein soll sich also selbst befehlen, besser zu werden und das Verhalten zu ändern. Denn das Verhalten lässt sich ja erst dann ändern, wenn vorher das Bewusstsein besser geworden ist. Das Bewusstsein muss sich demzufolge selbst eingestehen, dass es bisher falsch lag. Das funktioniert leider schlecht. Denn das Bewusstsein ist sein eigener Chef. Ein ziemlich starrköpfiger sogar. Einer der sich wenig befehlen lässt. Auch oder gerade von sich selbst nicht.

Das Bewusstsein verbessert sich ungern und selten selbst. Deshalb gelingt es auch so selten, wenn jemand sein Verhalten ändern möchte. Man sieht das bei den vielen gut gemeinten Neujahrs- und anderen Vorsätzen, die fast alle Menschen immer wieder mal fassen. Sie wollen ihr Verhalten ändern. Ernsthaft. Trotzdem verpuffen die Absichten meistens im Nichts. Wenn es ausnahmsweise funktioniert, stehen dahinter manchmal gravierende Brüche wie Jobverlust, Krankheit, Todesfall, Trennung usw. Es ist jedoch keineswegs gesagt, dass aus Krisen tatsächlich etwas gelernt und verbessert wird. Meine

Beobachtungen deuten darauf hin, dass es vielmehr immer wieder zu ähnlichen Krisen kommt.

Es ist ein Teufelskreis. Wenn Führungskräfte ihr Verhalten ändern wollen, kennen sie eigentlich nur eine Strategie: Sie setzen Energien ein, die sie aus Denken, Wille, Ehrgeiz und Disziplin gewinnen. Genau jene Strategie also, die bereits ein Fehlverhalten bewirkt hat. Doch schon Albert Einstein hat gesagt, dass Probleme nicht mit denjenigen Strategien gelöst werden können, die die Probleme verursacht haben.

Folgt man der These von Einstein, dann sollte man verzichten, mit Geist-Programmen den Geist verbessern zu wollen. Mit bisherigem Bewusstsein kann man nicht besseres Bewusstsein schaffen. Der Umgang mit diesen Programmen ist denn auch ziemlich frustrierend, weil sie selten besseres Bewusstsein hervorbringen und langfristig erfolglos sind. Darum sind sie wenig geeignet, um positive und stabile Lernprozesse und Verhaltensänderungen zu organisieren.

Führungskräfte wollen und können ihr Verhalten ändern. Sie benützen dafür leider in der Regel nur raffiniertes Denken, ausgeprägten Willen, unbändigen Ehrgeiz und viel Disziplin. Kurzfristig mögen sie mit diesen Instrumenten des Geistes sogar erfolgreich sein. Doch Denken, Wille, Ehrgeiz und Disziplin sind äusserst anstrengend. Sobald Manager bei diesen Prozessen nachlassen, weniger Energie dafür einsetzen, fallen sie in alte Verhaltensmuster zurück.

Übrigens ist Wille eine recht problematische Energie. Denn dahinter steckt die Angst, die Unbekanntes blockiert. Sie verhindert, dass sich Führungskräfte für das Unbekannte öffnen. Manager, die immer mehr Willen für ihre Entscheidungen und Handlungen einsetzen, verstärken ihre Angst, statt sie aufzulösen. Selbstverständlich wissen sie ganz genau wie der Hase läuft. Ihnen kann schliesslich niemand mehr etwas vormachen. Aber sie können plötzlich kaum mehr mit Innovationen umgehen. Auch hinter dem Ehrgeiz steckt die Angst, nämlich jene vor dem Versagen. Sie macht aggressiv.

Der Teufelskreis dreht sich weiter und schneller.

Die meisten Führungskräfte drehen sich weiter und schneller in der Spirale des teuflischen Zirkels. Sie bleiben in ihren Denk- und Willenskonzepten verhaftet. Sie können unbekannte Möglichkeiten nicht als solche erkennen. Ihr Denken und ihr Wille wehren sich gegen das Neue und schotten sie gegenüber dem Unbekannten ab.

Führungskräfte, die diese Programme verfolgen, wollen mit den Instrumenten ihres Geistes direkt und linear ihr Bewusstsein und Verhalten in eine bessere Richtung lenken. Sie wollen sich selbst in den Griff bekommen oder gar ihr ganzes Leben im Griff haben. Doch niemand kann Lebendiges wirklich in den Griff bekommen. Auch wenn das die Kontrollfreaks manchmal glauben.

Das Leben lässt sich nicht an die Kandare nehmen, Leben ist nun mal offenes Werden. Es kann langfristig nicht gelingen. Der Geist ignoriert solche kontrollierenden Manipulationen regelmässig. Darum wird aus den eingangs skizzierten Selbstprogrammen wenig Dauerhaftes.

Trotzdem meinen Manager, ständig noch mehr vom Gleichen, immer mehr vom Falschen, machen zu müssen, um besser zu werden. Der Schweizer Zukunftsphilosoph Andreas Giger schreibt in „Bewusstseins-Eliten" dazu, dass mehr vom Selben als Akt der Vermehrung sehr eindimensional daherkäme. Was den Ansprüchen des komplexer werdenden Lebens überhaupt nicht mehr entspricht.

Im Gegensatz dazu wäre die Bewusstseinserweiterung mehrdimensional. Was heute für jedermann zentral ist, der seine Karriere respektive sein Leben stärken will. Im Übrigen können die echten Bewusstseinseliten in allen Lebensbereichen zuhause sein, wie zum Beispiel in Kunst, Politik, Sozialem, Wirtschaft. Auch auf den verschiedensten Funktionsstufen. Aber auch für sie gilt: Erst wenn die Einsicht da ist, dass es für die Selbstverstärkung neue Wege braucht, kann der Pfad über den Geist (Denken und Wollen) verlassen werden. Doch sie sind zumindest generell offener, um sich mit Neuem und Unbekanntem anzufreunden.

Doch praktisch spielt sich ein mehr oder weniger verstecktes Drama ab. Viele Führungskräfte müssten eigentlich weniger denken und wollen, was ihr Bewusstsein kaum zulässt. Schliesslich sind sie gerade auf ihr Denken und Wollen besonders stolz. Ihr Bewusstsein kann sich nicht ausbreiten, weil es seine eigenen Grenzen nicht überschreiten will. Also muss Hilfe von aussen her, für die es selbst schon eine kleine Grenzüberschreitung braucht …

Selbstverstärkung durch weitgehenden Verzicht auf Denken, Wollen, Ehrgeiz und Disziplin.

Zeitstabile Selbstverstärkung funktioniert so gut wie gar nicht durch Denk- und Willensprozesse. Sie wird vom Leben selbst gesteuert, besser gesagt vom Licht des Lebens. Es gibt kein Leben ohne dieses Licht, das gemäss Quantenphysik aus Energie und Information besteht. Dieses Licht treibt das Leben voran, sowohl das universale als auch das personale. So findet Evolution statt. Ihr Licht enthält die Information „besser werden". Das ist der grundsätzliche Code der Evolution. Einstein sprach in diesem Zusammenhang von der kosmischen Absicht. Sie ist nichts Abgehobenes und schon gar nichts Esoterisches.

Die Verfechter der konventionellen Selbstprogramme wischen solche Erkenntnisse von avantgardistischen Persönlichkeiten wie Gerd Gerken, George Spencer Brown und anderen Vordenkern unter den Tisch. Ihre Programme basieren weiterhin auf linearem und extrem zielgerichtetem Doing für Körper und Geist: Ich-will-selbst-machen. Doch die Denk- und Willensprogramme versagen, wenn es um dauerhaftes Besserwerden geht. Die dahinter stehenden Energien sind nicht zeitstabil. Im Gegensatz zu den Energien, die auf Doing-by-Nondoing aufbauen.

Ein Blick auf die unterschiedlichen Energien: Überleben oder besser Leben?

Die grundsätzlichen Energien für das Überleben müssen sehr gezielt und ziemlich aufwändig hergestellt werden (Metabolismus und Mentalismus). Denken, Wollen, Ehrgeiz und Disziplin. Eingebettet in bekannten Konzepten wie Aus- und Weiterbildung, Belastungsbewegung und Entspannung,

Ernährung und Verdauung. Die daraus hervorgehenden Energien sind notwendig, um im Leben über die Runden zu kommen.

Jene Energie, die umfassend und laufend ein besseres Leben organisieren kann, ist relativ einfach zu erzeugen, zum Beispiel durch Fulfilness. Sie ermöglicht, überall besser zu werden, weil sie den evolutionären Code des Besserwerdens in sich trägt. Überall, weil sie alle Lebensbereiche respektive den gesamten menschlichen Organismus ständig verbessert.

Im Konzept von Fulfilness ersetzt Überschussenergie die Instrumente des Geistes. Das einzige Doing dieses Konzeptes besteht darin, sich etwas Zeit zu nehmen für stimulierende Rituale. Sie erzeugen sich selbstoptimierende Resonanzen im Gesamtorganismus. Dieses Nondoing geschieht also fast ohne Einsatz von Denken, Wille, Ehrgeiz und Disziplin. Das persönliche Bewusstsein vollzieht diesen Prozess nicht selbst. Es tritt sozusagen auf Befehl zur Seite und verschwindet. Es überlässt die Selbstoptimierung der Überschussenergie, die den Code des Besserwerdens in den Gesamtorganismus überführt. Diese Art von Selbstverstärkung (Selbstheilung, Selbstverbesserung) findet dann im Gesamtorganismus statt: in Körper, Geist und Seele genauso wie im Hormon-, Immun- und Nervensystem. Sie hat sowohl im Berufs- als auch im Privatleben positive Auswirkungen.

<u>Fulfilness statt Selbstzerstörung.</u>

Das Leben entwickelt sich rasant weiter. Viele Führungskräfte können kaum mehr Schritt halten. Die Betroffenen finden auf die ständig steigenden Anforderungen des modernen Lebens nicht mehr die richtige Antwort. Offiziell macht zwar der Stress kaputt, angeblich von exogenen Faktoren ausgehend. In Wirklichkeit sind viele solcher Situationen selbstverschuldet, hausgemacht. Was viele im Business nicht einsehen wollen und den meisten Angst macht. Aber um Angst aufzulösen und aus den Handlungen herauszufiltern, braucht es Hilfen von ausserhalb des denkenden Bewusstseins. Stattdessen setzen die Leute noch mehr Wille, Ehrgeiz und Disziplin ein. Oder sie reagieren mit Resignation, die nicht selten am Anfang der Selbstzerstörung steht.

Wer diesen Ausführungen und Thesen folgt, stellt fest, dass die richtige Antwort auf die Anforderungen des modernen Lebens heissen müsste: Selbstoptimierung durch Überschussenergie. Diese wirkt als positiver Beschleuniger in einem immer besser werdenden Gesamtorganismus. Die Grundlage, damit Leben, Leistung und Erfolg laufend besser werden. Und zwar egal, wie erfolgreich jemand schon ist oder wo jemand jetzt gerade steht. Führungskräfte brauchen Überschussenergie, um die geheimen Grenzen in ihrem Gehirn zu überschreiten und aus dem Teufelskreis auszubrechen. Um immer müheloser immer besser zu werden.

Man kann deutlich erkennen, dass diese avantgardistische Selbstoptimierung wenig Gemeinsames mit den herkömmlichen Selbstprogrammen hat. Sie eignet sich ausgezeichnet für Führungspersönlichkeiten, die keine unnütze Zeit aufwenden wollen, um ständig an sich selbst herumzufeilen. Die den Kopf frei haben wollen, um noch leistungsfähiger zu werden. Die sich den Rücken frei halten wollen, um überdurchschnittlich zu bleiben oder zu werden. Sowohl im Berufs- als auch Privatleben.

Das Konzept von Fulfilness kann im Geist zwar theoretisch erfasst und nachvollzogen werden. Aber das nützt wenig. Fulfilness kann nur praktisch erlebt werden. Und die Praxis ist einfach: Man verzichtet auf das Arsenal von Fitness-Dressuren für Körper und Geist. Man ersetzt sie durch alltagstaugliche Neuro-Rituale. Im Alltag braucht es dafür weniger als zwei Stunden pro Woche, teilweise integriert in normale Handlungen.

Erfolgreicher Erfolg für echte Nachhaltigkeit.

Echt nachhaltig ist der erfolgreiche Erfolg, der ohne Schaden anzurichten die Entwicklung fördert.

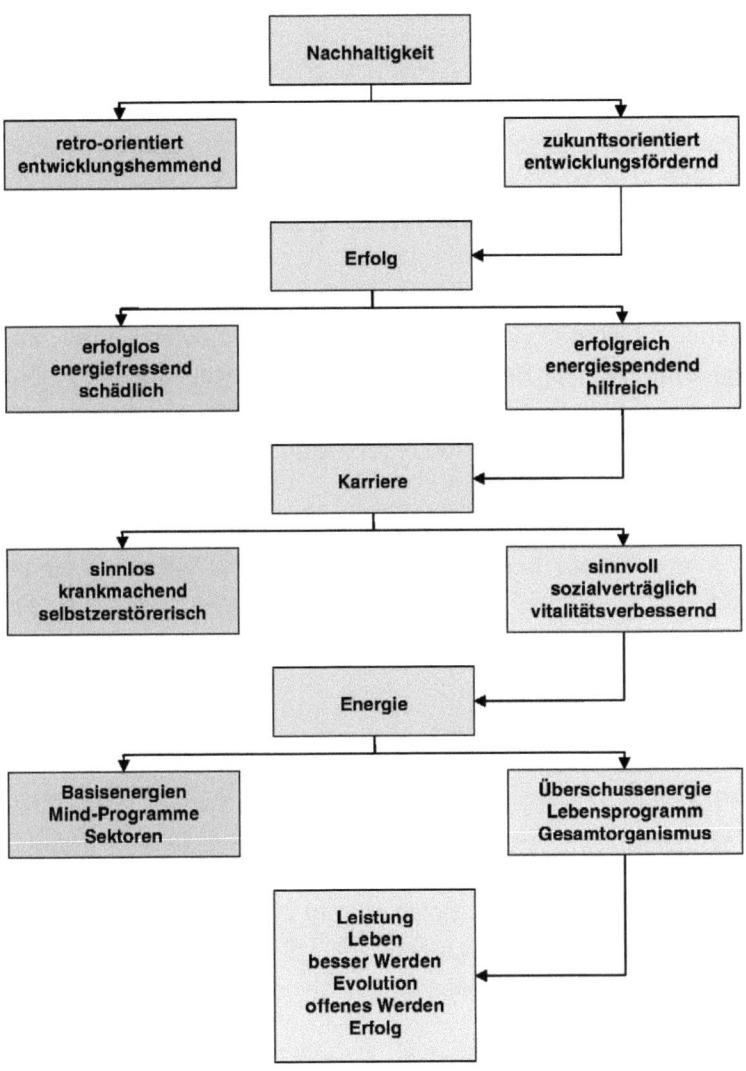

Nachhaltigkeit – ein Gummibegriff, den viele benützen, um ihre Handlungen in gutem Licht darzustellen.

Dennis L. Meadows schrieb 1972 in „Limits of Growth" von „sustainable without sudden and uncontrollable collapse".

Bernd Klauer 1999 in „Was ist Nachhaltigkeit?": Die Gemeinsamkeit aller Nachhaltigkeitsdefinitionen ist der Erhalt eines Systems bzw. bestimmter Charakteristika eines Systems, sei es die Produktionskapazität des sozialen Systems oder des lebenserhaltenden ökologischen Systems. Es soll also immer etwas bewahrt werden zum Wohl der zukünftigen Generationen.

Ökologisch nachhaltig ist demzufolge, was Natur und Umwelt für die nachfolgenden Generationen erhält. Ökonomisch nachhaltig ist, was eine tragfähige Grundlage für Erwerb und Wohlstand bietet. Sozial nachhaltig ist, was eine lebenswerte und zukunftsfähige Gesellschaft gewährleistet. Auf der Ebene von Unternehmen und Persönlichkeiten beinhaltet Nachhaltigkeit von allem etwas.

Soweit die eher positiv besetzte Seite des Begriffs, auf der Nachhaltigkeit vorteilhafte Entwicklungen unterstützt. Nachhaltigkeit kann aber durchaus auch als Retro-Begriff missbraucht werden und wirkt folglich entwicklungshemmend.

Dann nämlich, wenn die Bewahrer von Bestehendem damit Neuerungen verhindern wollen. Wenn sie geistig verkalken und förmlich erstarren in dem, was sie bisher erreicht haben, mag es noch so gut sein. Oder wenn sie gar das Rad der Zeit möglichst weit zurückdrehen möchten und am liebsten noch auf Pfahlbauten leben würden. Solche Leute müssten dringend in Prozesse „schöpferischer Zerstörung" (Joseph A. Schumpeter) eintauchen. Im Business sind solche Taktiker allerdings relativ einfach durchschaubar.

Echte Erfolge multiplizieren sich, andere schaden langfristig.

Im Business sind Entscheidungen und Handlungen nachhaltig, wenn sie keinen Schaden anrichten. Weder wirtschaftlich noch sozial noch ökologisch.

Weder den Unternehmen noch den Mitarbeitenden noch den Kunden noch der Umwelt. Sie sollen auch langfristig Nutzen stiften. So entstehen grundsätzlich die erfolgreichen Erfolge. Diese Erfolge spenden allen Partnern zusätzliche Energie. Diese Power bringt Vision und Vision bringt wieder Power. Echte Erfolge multiplizieren sich, wenn Persönlichkeiten die daraus gewonnene Energie immer wieder in die nächsten Erfolge investieren.

Wenn Erfolge jedoch Energie fressen, werden sie erfolglos. Sie können niemals nachhaltig sein. Aus Power wird immer weniger Power und die Vision bleibt je länger je mehr auf der Strecke. Erfolglose Erfolge entziehen vielen Führungskräften die notwendige Energie, um die Zukunft besser zu gestalten. Ihre eigene und jene des Unternehmens.

Erfolg benötigt Energie, Intensität, Power und zugleich Information, Richtung, Vision. Es sind immer diese beiden Komponenten, wie immer man sie auch nennt, die Erfolg ausmachen. Das Eine geht nicht ohne das Andere. Nur zusammen sind sie wirklich fruchtbar. Dafür dann umso stärker. Übrigens sind die gleichen Komponenten auch die Grundlage für Glück.

Wer diesem Grundsatz im Alltag nachlebt, wer also beide Komponenten gleichzeitig und stimmig hinkriegt, kann Erfolge selbst formen. Diese Erfolge werden nachhaltiger und damit erfolgreicher als andere. Wer erfolgreiche Erfolge anstrebt, braucht dazu zwingend die richtige Energie und die richtige Richtung.

Wenn die Richtung stimmt, aber die Energie fehlt, verhungern diese Leute kurz vor dem Ziel – und mit ihnen möglicherweise gleich das Unternehmen. Ziele bleiben irgendwie im Nebel vor den Augen schweben, werden aber nie erreicht. Gemäss meinen Beobachtungen leiden ausser alternden Führungskräften auch Nachwuchsleute darunter. Sie können zwar Strategien entwerfen und die Zukunft in rosaroten Farben malen, doch ihnen fehlt die Energie, um etwas in die Praxis umzusetzen.

Stimmt die Energie, aber die Richtung ist dubios, dann rennen diese Menschen kraftvoll und nonstop immer in die falsche Richtung. Diese Dauerläufer werden wegen ihrer Wahnsinnsenergie oft von ihrem Umfeld bewundert. Doch wenn sie an einem Ziel ankommen, ist es bestimmt das falsche.

<u>Persönlichkeiten ohne die richtige Power und Vision belasten Unternehmen – und sich selbst.</u>

Solche Karrieren sehen sich ähnlich. Objektiv sind die Erfolge da. Erträge und Marktanteile, Einkommen und Status. Gleichzeitig geht der Sinn verloren, für das, was im Alltag gemacht wird. Die seelischen Kosten steigen, wenn Partnerschaften auseinander brechen. Der Raubbau zeigt sich als Burnout, chronische Krankheiten und Depressionen. Entscheide und Handlungen solcher Leute belasten schliesslich sie selbst und ihr Umfeld. Negativ nachhaltig.

Für viele gibt es dann nur noch die Flucht. Aber Auszeit, Exzesse, Frühpensionierung und andere skurrile Strategien helfen niemandem wirklich weiter. Es liegt auch selten an mangelndem Wissen oder zu wenig körperlicher Fitness oder gar schlechter Ernährung.

Das alles bringt zu wenig und vor allem nicht die richtige Energie, um das Leben umfassend wieder auf Kurs zu lenken. Damit Lebenssinn sich ausbreitet oder wieder aufkommt. Damit die Familie besser funktioniert oder überlebt. Damit die Vitalität steigt oder wieder zurückkehrt. Persönlichkeiten werden dann leistungsfähiger, wenn sie ihr ganzes Leben umfassend verbessern. Davon profitieren selbstverständlich auch die Unternehmen.

<u>Die zukünftige Kernkompetenz von Highperformer und Highpotential ist die andere Selbstoptimierung.</u>

Die aktuellen Lern- und Verbesserungskonzepte sind weitgehend Selbstprogramme, die lineare Veränderungen in Körper und Geist hervorrufen sollen. Denken und Wollen sind ihre Instrumente. Wie gut Business-Leute damit zu Recht kommen, zeigen die enttäuschenden Ergebnisse. Mit immer mehr Aufwand werden immer weniger positive Resultate erzielt. Das ist frustrierend.

Vieles deutet darauf hin, dass hinter diesen Strategien ein falsches Energiekonzept steht. Die Basisenergien aus Mentalismus und Metabolismus reichen nämlich nur noch knapp für das Überleben.

Persönlichkeiten, die das zukünftige Leben besser gestalten möchten, brauchen Überschussenergie. Diese Energie wird in Selbstoptimierungsprozessen erzeugt, die wenig Gemeinsames haben mit den herkömmlichen Selbstprogrammen. Sie finden nicht-linear statt in Körper, Geist und Seele oder im Hormon-, Immun- und Nervensystem. Also jenseits von den Denk- und Willensprozessen der konventionellen Selbstprogramme. Sie optimieren sich selbst im leiblich-energetischen System und breiten sich dann aus in alle anderen Systeme des Gesamtorganismus.

Persönlichkeiten mit dieser Kernkompetenz bringen zusätzliche Human Power in das Unternehmen. Dieses bewegt sich dann geistig-energetisch auf Top-Level und kann seine Zukunft besser gestalten.

<u>Das Leben sorgt selbst für das bessere im Leben – und das Business gehört schliesslich auch dazu.</u>

Insbesondere Führungskräfte möchten ja sich, ihr Leben und oft auch das Leben anderer im Griff haben. Doch niemand kann Lebendiges wirklich in den Griff bekommen. Auch wenn das die Kontrollfreaks manchmal glauben. Denn das Leben lässt sich nicht an die Kandare nehmen. Leben ist schliesslich offenes Werden.

Es kann langfristig nicht gelingen, weil der Geist diese kontrollierenden Manipulationen gar nicht zulässt. Darum wird aus den eingangs skizzierten Selbstprogrammen kaum etwas Dauerhaftes. Echte Selbstoptimierung kann nicht im Geist über Denk- und Willensprozesse gesteuert werden. Sie wird, wie schon früher erwähnt, vom Leben gesteuert.

Sich selbst optimierendes Besserwerden findet in Lernprozessen statt. Lernen vollzieht sich aber am besten als Kettenreaktion im Gesamtorganismus. Lernen ist ausserordentlich mühsam, wenn es in allen möglichen Lebensbereichen und zu unzähligen Lebensinhalten organisiert werden muss. Und genau das findet ja heute unnötigerweise immer noch statt. Mit sehr viel Aufwand, bei schwindendem Ertrag.

Echte Selbstoptimierung ist Energiearbeit auf höchstem Niveau. Sie bringt echte Nachhaltigkeit. Eine Nachhaltigkeit, die offenes Werden und gleichzeitig besseres Werden unterstützt. Also keine Retro-Zukunft, sondern eine bessere Zukunft.

Wer diese Erkenntnisse für den Alltag nutzt, sucht nach Formen oder Prinzipien, die sowohl Energie als auch Information in ganz grundsätzlicher Art enthalten. Am weitesten gekommen sind dabei vermutlich George Spencer Brown in England und Gerd Gerken in Deutschland. Gerken zum Beispiel hat spezielle Neuro-Rituale für Überschussenergie in sein noeterisches Konzept für Fulfilness integriert.

Leadership-Excellence: Krisen begegnen und vermeiden.

Ist die gegenwärtige Krise eine Immobilien- oder eine Finanz- oder eine Wirtschaftskrise, oder gar eine des Systems und seiner Institutionen? Oder handelt es sich eher um eine Leadership-Krise? Wer traut sich überhaupt noch, das Debakel beim richtigen Namen zu nennen? Verfolgt man den Ansatz weiter, dass es sich tatsächlich um eine Leadership-Krise handelt, dann müsste eigentlich Leadership anders definiert werden. Vorstellungen darüber könnten falsch oder überholt sein. Denn sie führen offensichtlich die Gesellschaft eher an den Abgrund, statt sie weiterzubringen. Das hiesse ziemlich sicher auch, dass Leader ihr Verhalten ändern müssten, wenn sie weiterhin als Leader gelten wollen.

Wahrscheinlich sind sich alle einige: Wie immer die Krise genannt wird, in dieser Krise braucht es Führung. Was aber, wenn die Führung selbst in der Krise steckt? Wenn allenfalls sogar die Führung verantwortlich ist für die Krise? Wenn die Führung selbst kriselt? Wie kann dann eine Lösung aussehen, bei der die Verursacher der Krise den Ausweg aus ihr aufzeigen sollen? Können wirklich die Verursacher der Krise die Lösung bringen? Das wäre in etwa so, wie wenn sich jemand am eigenen Schopf samt Pferd aus dem Sumpf herausziehen wollte, was einfach nicht funktioniert. Brauchen wir da nicht andere Leader, die nicht Teile des Problems sind?

<u>Leadership-Excellence entwickeln: Kompetenzen neu ordnen?</u>

Spätestens seit die Globalisierung intensiver geworden ist und wirklich fast jede Ecke unseres Planeten miteinbezogen hat, stehen die Zeichen der Zeit auf Vision und Kooperation. Vision und Kooperation haben andere Leadership-Kompetenzen überholt, ohne dass diese deswegen unbedeutend geworden sind. Jetzt stehen die Zeichen auf Sturm, weil zu viele Leader die Zeichen verkannt haben.

Vision und Kooperation sind offensichtlich von vielen unerkannt vorgerückt und haben gleichzeitig ihre Inhalte verändert. Beide sind massgebend für die Entwicklung von Leadership-Excellence, von umfassender Überdurchschnittlichkeit. Diese Vision reicht aber weit über persönliche Interessen hinaus. Und wenn sie verwirklicht werden will, braucht sie Partnerschaften, in denen alle Partner gleichwertig sind und alle fair behandelt werden. In denen nicht der momentan stärkere dem zurzeit schwächeren etwas aufzwingt, um sich weitere Vorteile zu verschaffen.

So könnte eine neue Hierarchie bei den Leadership-Kompetenzen aussehen, die den veränderten Ansprüchen besser Rechnung trägt:

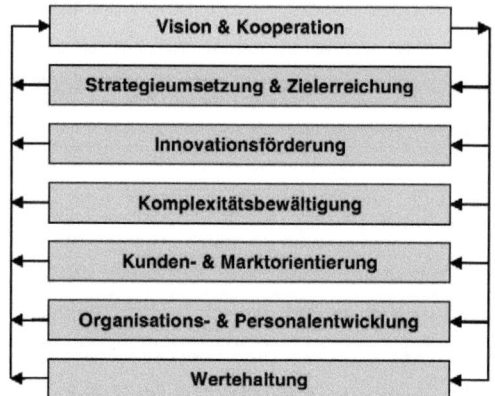

Leadership hat viel mit Liebe zu tun.

Selbstverständlich hat Leadership mit Strategieumsetzung und Zielerreichung, mit Innovationsförderung und Komplexitätsbewältigung, mit Kunden- und Marktorientierung, mit Organisations- und Personalentwicklung, auch mit Wertehaltung zu tun. Wenn man jedoch davon ausgeht, dass es sich heute tatsächlich um eine Leadership-Krise handelt, und vieles deutet schliesslich darauf hin, dann werden einige dieser Leadership-Qualitäten überbewertet. Obwohl viele Leader zweifellos diese Qualitäten haben, konnten sie die Krise nicht verhindern.

Also müssen andere Fähigkeiten und anderes Verhalten stärker gewichtet werden, um die Krise zu meistern und tief greifenden Krisen vorzubeugen: Vision für das Grössere und Kooperation im Interesse aller.

Echte Leader sind Persönlichkeiten, die ihre Energie primär für etwas Grösseres als sich selbst einsetzen. Wer so Leadership lebt, sieht sich selbst, sein Unternehmen, seine Organisation und sogar seine Nation als Teil eines grösseren Ganzen. Das ist die visionäre Seite. Moderne Leader sind Meister darin, für das grössere Ganze laufend Partnerschaften zu bilden, die diesen Namen verdienen und nicht einen der Partner benachteiligen. Das ist die Seite der Kooperation. Vision und Kooperation, zwei Seiten der gleichen Münze.

Wahre Leader (neue? andere?) leisten dafür vorbehaltlos ihren Beitrag. Das ist mehr als das bekannte Geben-und-Nehmen, bei dem das Nehmen für viele zuerst kommt. Es hat auch wenig mit der Auffassung zu tun, wer etwas geben würde, müsse auch irgendwann etwas zurückbekommen. Was ja nichts anderes bedeutet, als sich insgeheim die Zuneigung anderer zu erkaufen. Vorbehaltloses Geben basiert auf Fürsorge und heisst, vieles zu leisten, ohne dafür automatisch einen Return zu erwarten. Ich wage sogar zu behaupten, dass ohne Erwartung mehr zurückfliessen wird.

Der englische Schriftsteller Wyston Hugh Auden hat gesagt: „We must love one another or die." Gute Leader lieben ihr Umfeld und erleben deshalb, wie ihnen ihr Umfeld folgt, ohne dass sie Druck ausüben müssen. Sie brauchen keine Macht, um etwas zu bewirken und zu verändern. Sie treffen Vereinbarungen, die allen nützen. Diese Persönlichkeiten sind keine Weichlinge, wie ihre Kritiker meinen mögen. Das Gegenteil ist der Fall. Diese Leader sind Kämpfer, aber sie kämpfen statt für Macht für Kooperation und für etwas Grösseres als sich selbst.

<u>Im Zweifelsfall liegt der Schwarze Peter bei der Globalisierung.</u>

Leider sehen die meisten Leader aus Politik und Wirtschaft die gegenwärtige Krise immer noch als Krise von Immobilien-, Finanz- oder gar dem kapitalistischen System. Oder sie beschuldigen die Globalisierung. Es ist paradox. Sie können nicht sehen, dass es eine Leadership-Krise ist, weil sie das nicht haben, was es für diese Einsicht bräuchte, nämlich eine erweiterte Leadership-Excellence, sich für etwas Grösseres als sich selbst zu engagieren und mit anderen zu kooperieren.

Vielerorts herrscht immer noch die Meinung, dass in der Führung harte und messbare Faktoren über weichen wie Vision und Kooperation stehen müssen. Aber die Globalisierung braucht ein anderes Denken, wenn sie wirklich für alle etwas Besseres bringen soll. Denn ohne diese eher weichen und kaum messbaren Kompetenzen kann die Globalisierung nicht so funktionieren, dass alle von ihr profitieren.

Die öffentliche Kritik an heutigen Leadern widerspiegelt, wie sich diese in Prozessen der Krise und der Globalisierung verhalten haben. Ob die Globalisierung nun gut oder weniger gut ist, sei im Moment mal dahingestellt. Tatsache ist, dass sie stattfindet. Sie hat für viele ihre guten Seiten gezeigt. Wenigstens für jene, die davon profitiert haben. Und das waren nun mal jene, die schon mehr hatten. Diejenigen, die bisher weniger hatten, waren oft mehr oder weniger zum Zuschauen verurteilt.

Es wäre nun falsch, einfach der Globalisierung den Schwarzen Peter für die Krise zuzuschieben. Die Globalisierung hat gute Seiten, braucht aber ganz einfach Vision und Kooperation, Verbindungen und Verständnis für Andersdenkende, um sich für alle positiv entfalten zu können. Was leider zu wenige Leader begreifen und es deshalb verpassen, entsprechend zu handeln.

Solange Leader diese Erkenntnisse ignorieren und solange sie sich so schwer tun, im Business echte Kooperationen (Liebe) aufzubauen, sind sie fragwürdige Führer und Charismatiker, die primär ihren eigenen Vorteil im Visier haben. Solange sie sich so treu bleiben, werden sie wenig beitragen, um Krisen nachhaltig zu bewältigen oder vorzubeugen. Schliesslich zerstören sie selbst ihr ursprüngliches Charisma durch ihr zu narzisstisches Verhalten.

Eine Leadership-Krise lässt sich kaum durch andere Anreizsysteme lösen, höchstens beschönigen. Es wird wohl nicht reichen, wenn Leader ihre Boni zurückzahlen oder neue Bonus-Malus-Systeme einführen. Neue Systeme sind sicher notwendig, um glaubwürdiger zu wirken. Die gute Absicht in Ehren, aber damit lässt sich keine Kultur ändern oder Leadership-Excellence entwickeln. Vielleicht will man das ja gar nicht wirklich und tut nur so.

Die Globalisierung offenbart sich in der Krise

Die Globalisierung als lebendes System lässt erkennen, was sie wirklich will und was sie ausschliesst. Sie zeigt, wie alles mit allem vernetzt ist, wie alle von allen abhängig sind, wie alle zusammengehören. Durch die Globalisierung ist deutlich geworden, dass wir eigentlich alle eins sind. Sie enthüllt in der Krise auch ihre Unübersichtlichkeit und Unberechenbarkeit. Sie lässt zugleich nicht mehr zu, dass den vielen Profitierenden so viel Leidende gegenüberstehen. Das liegt einfach nicht mehr drin. Die Globalisierung ist ein äusserst dynamisches System geworden, das sich gegen Missbräuche wehrt.

Die gegenwärtige Krise offenbart deutlich: Niemand mehr kann sich schadenfreudig ins Fäustchen lachen, weil es anderen weniger gut geht. Denn das Leben holt alle ein: erst Immobilien-, dann Banken-, dann Finanzsektor und schliesslich die Realwirtschaft; erst die USA, dann Europa, dann Russland und schliesslich auch Asien. Das System der Globalisierung zeigt deutlich, dass es extrem egoistischen Entwicklungen gegensteuert.

Globalisierung verlangt Kooperation. Kommunikations-Technologien unterstützen diesen Prozess und haben die Globalisierung massgeblich vorangetrieben. Selbstverständlich helfen uns Technologien auch, in fast allen Lebensbereichen die Folgen unseres ausufernden Lebensstils zu reparieren. Leider gibt uns das ein trügerisches Selbstvertrauen. Wir sehen ein, dass wir vieles zerstören, sind jedoch immer überzeugter, dass wir mit Technologien alles wiederherstellen können. Quick-Fixes statt grundsätzliche Lösungen, wenn das nur gut geht.

Selbstverständlich ist es relativ einfach, die Krise mit kurzfristigen und hoffentlich wirksamen Staatsinterventionen zu bekämpfen, mit Quick-Fixes eben. Äusserungen von betroffenen Persönlichkeiten deuten allerdings darauf hin, dass sich die bisherigen Mitspieler nicht gerade durch die Einsicht auszeichnen, dass sie sich zukünftig grundsätzlich anders verhalten wollen.

Wenn wir davon ausgehen, dass die aktuelle Krise eine Leadership-Krise ist, brauchen wir Leader mit einem Führungsverhalten, das den Anforderungen der Globalisierung entspricht. Die Frage ist berechtigt, ob das noch die gleichen Leader sein werden wie bisher.

Das Debakel als Lernprogramm der Evolution.

Die aktuelle Krise deckt die Mängel vieler Leader gnadenlos auf. Was bisher für Leader als erstrebenswert galt, zum Beispiel Geld und Macht, wurde zum Schandfleck. Unsere Zeit bringt kaum mehr einsame und heroische Leader hervor. Auch wenn sich immer noch viele danach sehnen.

Wir leben in einer Phase der Globalisierung, in der diese nur durch Kooperation funktionieren kann. Ein wirkliches Win-Win-Spiel, in das die meisten Teilnehmenden mit gleich langen Spiessen gehen. Dieses Spiel bereitet gerade den selbsternannten Galionsfiguren unter den Leadern viel Mühe.

Wer diese Entwicklungen ignoriert, dürfte in Zukunft in der Wirtschaft ein schweres Leben haben. Das hat nichts mit kommunistischem Gedankengut zu tun. Das ist einfach gesunder Menschenverstand. Wer aus dieser Krise nichts lernt und sein zukünftiges Handeln nicht proaktiv anpasst, dürfte schon verloren haben. Und proaktives Lernen, also ohne Krise besser zu werden, ist nicht nur effektiver und effizienter, sondern macht auch Staatseingriffe überflüssig.

Die Empfänger der staatlichen Hilfe stemmen sich mit Händen und Füssen gegen fremde Einflussnahme. Umgehen können sie diese nur, wenn sie ihre Leadership-Qualitäten in Richtung mehr Kooperation statt Ausbeutung verbessern und entsprechend handeln. So können sie den Vertrauensverlust, den sie selbst heraufbeschworen haben, wieder wettmachen. Es liegt an ihnen, moderne Leader zu werden. Das gute kapitalistische System braucht dann überhaupt nicht in Frage gestellt zu werden.

In der Krise die grosse Chance packen.

Die im letzten Jahrhundert entstandenen globalen Unternehmen sind Kinder der technologie-gestützten Kommunikations- und Logistikmöglichkeiten genauso wie das grenz- und kulturübergreifende Networking. Wahrscheinlich zum ersten Mal in der Geschichte haben wir die Chance, in grossem Rahmen zusammenzufinden, für das Wohl aller. Das wäre ein Quantensprung in unserer Entwicklungsgeschichte.

Deshalb brauchen wir mehr Leadership in Politik und Wirtschaft, keine grossspurigen Selbstdarsteller, auch keine Alleswisser. Unsere Gesellschaft braucht Persönlichkeiten, die nicht primär ihre eigenen Interessen in den Vordergrund stellen, die nicht ihren Chauvinismus durch vordergründigen Gemeinschaftssinn kaschieren, die sich nicht vom grossen Ganzen abkoppeln. Und die nicht nur die ihnen genehmen Individuen, Unternehmen und Nationen willkommen heissen. Überdurchschnittlichkeit ist erforderlich, um die aktuelle Krise zu meistern, zukünftigen auszuweichen. Leadership-Excellence, mit umfassender Vision und Kooperationsbereitschaft. Vielleicht so etwas wie ein altruistischer Egoismus?

Befürworter der Globalisierung haben immer wieder betont, dass diese allen weiter helfen und viel bringen würde. Die Mitspieler des globalen Spiels haben jetzt eine zweite Chance, den Beweis dafür zu erbringen.

Lebensqualität dank Herausforderungen: Wie das Business die grossen Herausforderungen unserer Zeit anpacken kann.

Lebensqualität als Leitwert der Zukunft.

Umfragen des Zukunftsphilosophen Andreas Giger („Generalist für reifende Lebensqualität") haben ergeben, dass immer mehr Leute („Bewusstseinselite") Lebensqualität als Leitwert der Zukunft sehen. Dazu Online-Befragungen auf www.sensonet.org und Überlegungen zum Wandel vom Lebensstandard zur Lebensqualität auf www.gigerheimat.ch. Giger fasst das so zusammen:

„Darunter gruppiert sich eine Vielzahl von Werten, die sich in irgendeiner Form um diesen Leitwert drehen. Aspekte wie Gesundheit, das Eingebettetsein in Raum und Zeit, Selbstverwirklichung und Solidarität, Identität, Orientierung und Sinn – und nicht zuletzt die Fähigkeit, alle diese Bereiche in eine gesunde Balance zu bringen, was einen hohen Sinn für das richtige Mass bedingt."

Business: Besser werden durch Wettbewerb und Kampf.

Diese Erkenntnisse sind gesunder Menschenverstand, gut für eine bessere Zukunft. Die Business-Praxis sieht leider (noch?) anders aus. Das Business organisiert sein Besserwerden über permanenten Wettbewerb und durch Kampf, weniger über Lebensinhalte. Es fordert Leistung von allen. Besser gesagt, eine ständig zunehmende Leistungsfähigkeit aller Mitspieler. Diese müssen im Alltag umfassend immer besser werden.

Doch das Business misstraut der Leistungsfähigkeit seiner Exponenten und bezweifelt, dass diese die Strategien vernünftig finden. Es will sie aber trotzdem umsetzen. Also lockt es mit Geld. Es belohnt, besticht, bestraft und manipuliert. Es verkennt dabei, dass Menschen eigentlich ohne Anreiz handeln, wenn ihnen Entscheidungen und Vorgehensweisen sinnvoll erscheinen. Leider widerstehen wenige den Anreizen, ohne Schaden zu nehmen.

Menschen, die für ihr Verhalten zusätzlich belohnt werden, verlieren rasch das Interesse, werden unzufrieden und bringen schlechtere Leistungen. Sie tun bald nur noch das, was sich konkret bezahlt macht. Im Gegensatz zu jenen, die etwas Sinnvolles tun und das sogar ohne Belohnung gerne machen. Deren Leistungsbereitschaft bleibt erhalten und die Leistungsfähigkeit kann steigen.

Leistungsfähigkeit ist nun mal ein bedeutender Wert in unserer Gesellschaft. Sie ist wie die anderen Werte ein integrierender Bestandteil des Leitwertes Lebensqualität. Das eine kommt kaum ohne das andere aus. Für ein erfülltes Leben müssen also Leistung und Karriere auf einem Nenner stehen mit Sinn, sozialem Umfeld und Vitalität. Wer das erreicht, erfährt Lebensqualität. Je früher, umso besser.

<u>Lebensqualität und Lifestyle.</u>

Lebensqualität hat wenig mit Lifestyle zu tun, obwohl die beiden Begriffe manchmal bewusst oder unbewusst gleichgestellt werden. Lebensqualität bringt das geglückte Leben. Auf höchster Energiestufe und deshalb echt nachhaltig. Im Gegensatz zu Lifestyling, bei dem auf ziemlich bescheidenem Feuer dünne Süppchen kochen. Dessen vielfältige Dienstleistungen und Produkte mögen kurzfristig und oberflächlich fit und happy machen.

Lifestyling bringt jedoch keine anhaltenden Erfolge und Glücksgefühle. Weil das die meisten Konsumenten von Lifestyling-Angeboten irgendwie spüren, sehnen sie sich immer mehr nach diesen einfachen Glücksmomenten. Sie werden richtig süchtig nach diesem Ersatzglück, ohne es zu merken. Sie kultivieren oder managen so ihr grundsätzliches Unglücklichsein, bewusst oder unbewusst.

Beispiel Lifestyle-Medizin und -Prävention: Sie verheissen Gesundheit und ihre eindringlichen Versprechen verkommen zu Floskeln. Das Gesundheits-Diktum ist angsteinflössend, ja sogar erpresserisch: „Wenn du den Aufrufen zu mehr Gesundheit nicht folgst, wirst du bestraft und es wird dir schlecht gehen." Wer das glaubt, macht mehr und wird trotzdem immer kränker. Der geht diesen Weg der Angst bis zur Selbstzerstörung.

Die Lifestyling-Befürworter sehen das ganz anders. Sie meinen, dass die verschiedenen Anleitungen zu Lifestyle zu einer besseren Lebensqualität beitragen. Viele sind überzeugt, dass diese unzähligen Rezepte das Leben erst lebenswert machen. Sie glauben, dass ihr Leben erträglicher würde. Kurzfristig vielleicht, ja. Aber eigentlich gestehen sie so nur, dass ihr Leben einfach nicht mehr gut genug und misslungen ist.

Viele bewältigen den profanen Alltag kaum mehr. Sie intensivieren Lifestyling, um das hektische, unübersichtliche und unvorhersehbare Leben zu bekämpfen. Wer jedoch das Leben bekämpft oder sich vor ihm versteckt, egal wie oder wo, wird verlieren. Das Leben gewinnt immer. Meistens kommt erst gegen Ende die Erkenntnis, dass man irgendetwas im Leben verpasst hätte. Dann ist es für viele Menschen zu spät, das Steuer herumzureissen.

Lifestyling ist die Suche nach Ersatzglück und belohnt jene, deren Leben missglückt. Im Klartext: Lifestyle ist ein Trostpreis. Und Trostpreise sind Belohnungen für Verlierer. Das mag für viele besser erscheinen, als gar nichts zu kriegen. Aber die Lifestyling-Anhänger verdichten damit eben ihr Unglücklichsein. Sie bleiben gefangen in ihrer eigenen Vernunft, die geprägt ist von Wille und Denken, von Körper und Geist, auf die sie sehr stolz sind.

<u>Fixierung auflösen und Fokus erweitern.</u>

Wir wehren uns auf tiefem Energie-Niveau gegen das Leben. Wir beginnen, das abwechslungsreiche Leben als Belastung zu empfinden. Wir suchen folglich das kleine Glück, möglichst oft. Exoterik und Glückssucht breiten sich aus. Wir merken kaum, dass dieses Pseudo-Glück als Verursacher von Stressen auftritt. Eine schleichende Erosion unserer Gesundheit entsteht. Das ist zum Beispiel der Beginn von chronischen Krankheiten.

Es ist paradox. Wir managen unser Leid über Selbstreflexion, Denken und Willen. Je besser uns das gelingt, umso mehr leiden wir. Wir manövrieren uns gezielt tiefer in dieses Bermuda-Dreieck hinein, aus dem wir kaum mehr hinausfinden. Wir kämpfen subtil gegen das Leben. Wir bemühen uns, das Leben möglichst exzessiv zu geniessen, damit wir übersehen, wie unser Leben immer bitterer wird.

Wir programmieren das Leben, das noch vor uns liegt, auf ein missglücktes Leben. Wir betreiben Selbstzerstörung, ohne es zu realisieren. Wir erleben und deuten unser Handeln als höhere Vernunft, wenn wir fanatisch nach Glück streben. Und es doch nie richtig erreichen. Wir narkotisieren oder schmücken dieses prinzipiell verunglückte Leben. Ein entordnender Stress, vor dem die meisten fliehen möchten.

Wir sind dabei stark auf den Körper fixiert und stolz auf unser Denken. Wir booten die subjektive Seite des Organismus und die höheren Energien aus. Wir suchen in den Slow-Bewegungen das Gegenstück zur Alltagshektik. Wir zelebrieren unsere Wehleidigkeiten. Wir kompensieren Leid und Angst durch Pseudo-Glück. Wir gönnen uns mehr, weil die Unzufriedenheit immer spürbarer wird. Wir blenden das wirkliche Leben aus.

Wir flüchten vor den grossen Herausforderungen unserer Zeit. Wir wollen Kinetik, Komplexität und Kontingenz zeitweise oder für immer umgehen. Wir arbeiten weniger, machen mehr Urlaub und nehmen Auszeiten. Wir wehren uns nicht nur gegen die nächsten Entwicklungsschritte der Evolution, sondern wir verfluchen sie. Wir verpassen es, die evolutionären Prozesse anzunehmen und mit ihnen fliessen zu lernen.

Wir orientieren uns mit Retro-Aktivitäten zurück, statt in die Zukunft. Wir favorisieren zum Beispiel esoterische Praktiken. Wir kämpfen gegen die Evolution und somit gegen das Leben. Wir unterdrücken Seele und Leib durch Wollen und Denken (Körper und Geist). Wir betreiben beispielsweise Gehirn-Jogging und merken nicht einmal, dass dabei keine Positivhormone entstehen. Unser Bewusstsein versklavt sein eigenes Bewusstsein.

Wenn wir auf die linke Seite des Gesamtorganismus (Abbildung Seite 12) fokussieren, also auf unsere Objektivität, übersehen und versperren wir den Zugang zu unserer Subjektivität auf der rechten Seite, zum offenen Werden der Zukunft. Ein wahres Drama, weil dann keine Zukunft mehr in unseren immer älter werdenden Geist einfliesst. Von Offenheit gegenüber Neuem keine Spur mehr. Wir verlieren den Anfängergeist und wagen keine Überschreitungen mehr.

Übrigens schrieb der deutsche Naturwissenschaftler Hartmut Heine schon 2006 in seinem „Lehrbuch der biologischen Medizin" dazu: „Der gegenwärtige Mangel an Ethik ist ein Verlust an Subjektivität zugunsten einer vermeintlich wertungsfreien Objektivität." Damals sprachen nur wenige von einer möglichen Immobilien-, Finanz- oder Wirtschaftskrise und deren Hintergründe.

Herausforderungen annehmen und in die Brüche hineingehen.

Hüten wir uns davor, die Herausforderungen des modernen Lebens auszublenden: die Kinetik (Beschleunigung der Zeit), die Komplexität (Vernetzung von allem mit allem), die Kontingenz (Unvorhersehbarkeit, Unplanbarkeit). Sie deuten an, dass wir uns an der Schwelle zu einer neuen Entwicklungsstufe befinden. Kämpfen wir weiterhin vehement gegen sie, vollziehen wir diesen Schritt nur mühevoll. Wir behindern uns selbst, weiterzukommen.

Dann erzeugen Kinetik, Komplexität und Kontingenz noch mehr Mentalstresse als bisher. Davor zu fliehen, bringt höchstens jenen etwas, die aus dem Lebensfluss aussteigen wollen. Aber diese sind für das Business eher weniger geeignet. Diese Herausforderungen werden noch intensiver, treten gleichzeitig auf und bringen immer mehr Brüche in unser gewohntes Leben. Ob wir wollen oder nicht, also mit oder ohne uns.

Wenn wir die euphorischen Stresse (Zukunftsstresse) annehmen und lernen, mit ihnen richtig umzugehen, stellen wir keine wiederkehrenden und steigenden Kompensationsansprüche (Sucht nach Lifestyling) mehr, die unnötige Stresse verursachen. Dann werden auch die Stresse aus den alltäglichen Pannen (Shit happens) mühelos absorbiert. Also bleiben nur noch die dicken Brocken, die Schicksale.

Zurzeit gibt es leider wenig viel versprechende Antworten auf die Herausforderungen des modernen Lebens. Die Folgen werden dramatischer, denn trotz unseren Massnahmen reagiert das Leben auf unsere Abwehr immer heftiger, zum Beispiel in Form von Breakdown, Burnout, chronischen Krankheiten und Depressionen. Wir unternehmen wahnsinnig vieles.

Korrigierend sind wir etwas weniger erfolglos als vorbeugend.

Wir bemühen uns schon fast krankhaft um Körper und Geist. Wir wollen die objektive Seite des Lebens reparieren. Das mag teilweise gelingen. Aber eben erst, wenn das Geschirr bereits zerbrochen und der Schaden sichtbar ist. Wir flicken immer verzweifelter an Körper und Geist herum. Wir unterdrücken gleichzeitig die subjektive Seite des Lebens. Aber es ist eben genau diese Seite, in der das Leben wird, wo Zukunft entsteht.

Wir forcieren das Sein (Objektivität) zulasten des Werdens (Subjektivität). Einer meiner Coachees, ein CEO, dazu: „Meine Seele und mein Leib sind kaputt gegangen." Viele Leute können das nicht sehen, weil das Subjektive eben nicht objektiviert werden kann. Wer wirkungsvoll-vorbeugend für Lebensqualität in allen Lebensbereichen aktiv werden will, auch für den Gesamtorganismus, muss aber zwingend im Subjektiven ansetzen und hier investieren.

Auswege aus der Sackgasse finden.

Wir müssen vermehrt Brüche annehmen, Bisheriges überschreiten, auf der Evolutionswelle reiten, unsere Zukunft vom Subjektiven her zum Objektiven gestalten. Dann finden wir zum geglückten Leben. Hören wir auf, immer mehr vom Gleichen zu machen, immer mehr vom Falschen, es funktioniert jetzt schon kaum mehr. Statt Stresse zu bekämpfen und abzubauen oder davor zu fliehen, müssen wir lernen, mit Stressen richtig umzugehen.

Erleben wir die euphorischen Stresse aus Kinetik, Komplexität und Kontingenz. Lernen wir, die dysregulativen Stresse aus Pannen und Schicksalen auszuhalten. Verzichten wir auf jene aus Kompensationen. Gelingt uns das, wird es weit reichende positive Auswirkungen auf das Leben im Allgemeinen (Lebensqualität) und die Karrieren im Besonderen (Leistungsfähigkeit) haben. Und es wird alle Kriterien für umfassende Leadership-Excellence begünstigen.

Ein altes Indianer-Sprichwort sagt: „Steig ab, wenn du merkst, dass du ein totes Pferd reitest." Wir reiten zu viele tote Pferde und machen immer intensiver, was schon in der Vergangenheit wenig gebracht hat. Wir brauchen eine Neuorientierung für eine bessere Zukunft. Ersetzen wir jetzt das frustrierende Streben nach Glück durch den Genuss des geglückten Lebens. Bemühen wir uns um echte Lebensqualität. Möglichst umfassend.

Es gibt Ansätze und Strategien, wenige, aber immerhin. Ansätze zeigt zum Beispiel C. Otto Scharmer vom MIT mit seiner „Theory U", wenngleich ziemlich auf den Mind ausgerichtet: „Leading from the future as it emerges." Fulfilness ist eine alltagstaugliche und umfassend wirksame Strategie, die den Gesamtorganismus stimuliert. Andere werden zweifellos folgen.

Sinnvolle Führung vs. widersinniges Management.

Wenn Führung Sinn machen soll, braucht es weder Work-Life-Balance noch Stick-and-Carrot-Methoden, damit Fach- und Führungskräfte mehr leisten. Es braucht echte und hautnahe Führung durch Persönlichkeiten, die allen Mitarbeitenden im Unternehmen beste Möglichkeiten bieten, damit sich diese entfalten und ihren Beitrag leisten.

Work-Life-Balance ist Stumpfsinn.

Leben ist Arbeit, genauso wie Arbeit auch Leben ist. Arbeit kann anstrengen, manchmal auch frustrieren. Wer der Illusion unterliegt, das Leben müsse ausgewogen oder die Arbeit vom Leben getrennt sein, übersieht, wie rasch entsprechende Bemühungen im Sande verlaufen. Arbeit ist die praktikabelste Beschäftigung, bei der sich Menschen persönlich entfalten. Das macht einfach Spass. Menschen fordern dann kaum Work-Life-Balance oder mehr Freizeit. Es wäre unanständig und unangebracht. Es macht auch wenig Sinn, weil es für die Entwicklung einer Persönlichkeit zu wenig bringt.

Wer meint, eine bessere Work-Life-Balance würde mehr Zufriedenheit bringen, ist auf dem Holzweg. Fachkräfte oder Manager, die so denken, sind entweder in der falschen Firma oder im falschen Job. Sie haben einen stumpfsinnigen Job, keine sinnstiftende Beschäftigung. Sie suchen ständig nach neuen Ritualen, mit denen sie ihre Work-Life-Balance herstellen möchten. Ihre Suche treibt sie zu Wahnvorstellungen, weil sie nie schaffen, was sie ständig anstreben. Denn Leben ist grundsätzlich unausgewogen und unvorhersehbar. Es kann nie in Balance sein, egal wie gross die Investitionen dafür auch sein mögen.

Passende Arbeit stiftet, völlig unromantisch, Sinn und macht immer wieder Freude. Für jene, die sie leisten genauso wie für jene, die diese Leistung empfangen. Das ist möglich und auch für Unternehmen sinnvoll. Was spricht denn eigentlich dagegen? Es sind die Unternehmen selbst, die es hartnäckig verhindern. Es sind deren uneinsichtigen Manager, die sinnvolle Arbeit und Leistungsmöglichkeiten verbannen. Sie meinen, geldwerte Anreize würden jemanden veranlassen, mehr zu leisten und besser zu werden. Sie unterschätzen den Leistungswillen und die Leistungsfähigkeit des Einzelnen.

Stick-and-Carrot-Methoden führen zu Wahnsinn.

Kein Wunder, kultivieren so viele Unternehmen eine seltsame und gefährliche Söldnermentalität. Sie verherrlichen die flexiblen Business-Nomaden als neue Elite. Sie jammern zugleich, wenn ihnen diese Leute davonlaufen. Diese ziehen eben dorthin, wo das grössere Geld lockt. Wollen zukunftsorientierte Unternehmen so was tatsächlich? Oder suchen sie doch eher gute Leute, die sich für etwas Sinnvolles einsetzen? Söldner wechseln wohl kaum zu einem Unternehmen, das von seinen Mitarbeitenden primär einen sinnvollen Beitrag an sein Gedeihen erwartet. So ein Unternehmen will gar keine Söldner. Söldner sehen das grosse Geld vor sich, einschliesslich entsprechender Statussymbole. Um das zu kriegen, würden sie töten. Oder betrügen, lügen, tricksen usw. Heutige Söldner sind wie Dagobert Duck und horten ihr Geld. Ihr Lebensziel ist, möglichst viel zu haben und zu verwalten. Wofür denn eigentlich?

Anders als jene Menschen, denen gutes Geld von hinten zufliesst, weil sie etwas Sinnvolles machen, für sich selbst und ihr Umfeld. Dafür setzen sie sich ein. Dafür brauchen sie aber in den Unternehmen mehr Gelegenheiten als sie heute erhalten. Dafür haben sie Anspruch auf einen sehr guten Lohn.

Fast alle Leute wollen etwas leisten, besser werden. Wenige werden dazu ermuntert. Ihre Unternehmen zwingen sie mit der Peitsche zur Arbeit, drohen ihnen mit Job- oder Einkommensverlust. Um den Zwang zu mildern, hängt ihnen der Arbeitgeber eine geldwerte Karotte vor die Nase: Wenn du nicht machst, was und wie ich will, entziehe ich dir Geld. Ähnlich wie beim Esel: vorne Karotte, hinten Schläge. Dieses Verhalten ist menschenverachtend und sollte bestraft werden. Die meisten Unternehmen und Manager verkennen diese Mechanismen. Sie wirken dann verzweifelt, wenn der Leistungswille schwindet.

Sobald jemand primär für Geld arbeitet, geht der Sinn der Arbeit verloren und Leistungspotentiale verkümmern. Wer also seine Arbeitnehmenden materiell ködert, lässt Potentiale ungenutzt. Persönliche Incentives, auch Boni, führen zu Egoismus und richten sich gegen das Unternehmen, ausnahmslos. Ich habe noch keinen einzigen Verkäufer getroffen, der nicht zum Egoisten geworden wäre, zulasten des Kollektivs im Unternehmen. Alle Egoisten sind Gift für das Unternehmen. Incentives & Co. sind also mehr als nur fahrlässig. Sie zerstören Sinn und Werte. Das ist für ein Unternehmen tödlich.

Warum soll ein Unternehmen überhaupt individuelle Boni ausschütten? Etwa auf der Basis individueller Leistungen, die kaum sauber gemessen werden können? Diese materiellen Leistungsanreize sind unfair, unvernünftig. Boni aufgrund von Ergebnissen sind fair. Denn Ergebnisse folgen kollektiven Leistungen. Sie unterliegen jedoch immer komplexen Einflussfaktoren, die nie Einzelpersonen zugeordnet werden können. Boni machen also nur dann Sinn, wenn alle Mitarbeitenden im Unternehmen, von zuoberst bis zuunterst, ergebnisbasiert und linear gleich viel erhalten.

Die Individualität ist ja bereits durch unterschiedliche Löhne gewährleistet, was auch gut so ist. Egal wie hoch sie sind, sie werden individuell verhandelt. Der Markt spielt meistens optimal. In den Unternehmen braucht es dafür vollständige Transparenz anstatt Lohnklassen, die ständig nach Ausnahmen schreien. Alle im Unternehmen dürfen wissen, was für Löhne bezahlt werden. Löhne dürfen kein Tabuthema mehr sein. Stellen Unternehmen und Mitarbeitende dann aber fest, dass verhandelter Lohn und Leistung nicht übereinstimmen, erfolgt im Extremfall eben die Trennung.

<u>Falsche Pferde für Spitzenleistungen.</u>

Doch die meisten Unternehmen und ihre Manager verstärken lieber die materiellen Anreize, wenn es mal weniger rund läuft. Sie glauben an das weit verbreitete Management-Dogma, dass Anreize die Leistung einzelner verbessern. Resultate von Umfragen zu Mitarbeiterzufriedenheit sprechen eine ganz andere Sprache: sinnstiftende Aspekte auf den Spitzenpositionen, materielle Anreize nie vorne dabei. Manager blenden diese Tatsachen aus. Sie können ihren blinden Fleck nur vereinzelt durchschauen. Denn solche Erkenntnisse entsprechen nicht ihrem Dogma von Stick-and-Carrott.

Unternehmen handeln schizophren, wenn sie ihren Mitarbeitenden eine ausgeglichene Work-Life-Balance ermöglichen wollen. Einerseits pushen sie ihre Leute zu Arbeit, unter verdeckter Androhung von Job- und Einkommensverlust. Andererseits bieten sie Hand zu Work-Life-Balance, damit Fehlzeiten zurückgehen und die Pusher ihr Gewissen beruhigen können, weil die Bedrohten darunter leiden. So verlieren Unternehmen ihre Leistungsfähigkeit. Immer mehr Leistung fordern und gleichzeitig immer mehr Work-Life-Balance anbieten, das ist der falsche Lösungsansatz, um bessere Ergebnisse zu erzielen.

Viele Unternehmen unterstützen die Illusion der Work-Life-Balance. Sie geben damit zu, dass Arbeit bei ihnen sinnlos ist und es daneben angeblich Sinnvolleres geben müsse. Dieses vermeintliche Heilmittel, um bessere Ergebnisse zu erzielen, ist gut für die Absenzenstatistik. Es unterminiert Ziele und bewirkt das Gegenteil: weniger Leistung, schlechtere Ergebnisse. Diese Unternehmen verpassen, Arbeit sinnvoll zu gestalten. Sie ziehen falsche Mitarbeitende an: Business-Nomaden, Söldner. Das führt in die Sackgasse, aus der es kein Entkommen gibt, nur noch die Fahrt gegen die Wand.

Diese Unternehmen werden weniger leistungsfähig, weil ihre Mitarbeitenden früher oder später weniger leisten. Diese wollen nicht mehr, weil sie darin wenig Sinn sehen. Unternehmen nehmen sie nicht ernst. Die meisten Menschen wollen jedoch ernst genommen werden und etwas leisten. Sie wollen es mit Hingabe tun. Wer etwas gerne macht, leistet aus sich selbst heraus mehr, ohne dass es dafür einen Bonus braucht. Gute Leute machen ihre Arbeit auch nicht wegen Incentives. Sondern weil sie mit ihrer Arbeit einen Beitrag leisten, entweder für interne oder für externe Kunden. Ein altes Indianer-Sprichwort sagt: „Wenn du ein totes Pferd reitest, steig ab." Wann merken Unternehmen endlich, dass Work-Life-Balance und Boni & Co. sterbende Gäule sind, denen besser der Gnadenschuss gegeben würde als sie mit allen Mitteln am Leben zu erhalten?

<u>Gefangen in den Sackgassen verfestigter Überzeugungen.</u>

Warum wollen das die Unternehmen und ihre Manager partout nicht berücksichtigen? Sie sind überzeugt, Strategy und Execution sauber voneinander trennen zu müssen, genauso wie sie vorgaukeln, Work und Life könnten getrennt oder ausbalanciert werden. Sie meinen, Denken sei die Aufgabe des Managements und sie könnten es besser als alle anderen im Unternehmen. Diese andern wären gerade gut genug, um das Management-Wunschdenken im Alltag umzusetzen. Das führt zu dieser irrsinnigen Fehleinschätzung: „Wir hier oben werden für das Denken bezahlt, ihr anderen da unten für das Ausführen."

Erstens sind diese anderen schon mal zahlenmässig hoch überlegen. Zweitens können sie durchaus selbständig denken, wenn man sie nur liesse. Das Potential ihres kollektiven Geist überragt jenes der angeblichen Elite, also der einzelnen Geister in Unterzahl, bei Weitem. Manager trennen gerne Denken und Handeln. Weil sie das Denken für sich beanspruchen, koppeln sie sich und ihr Unternehmen vom Markt ab. Sie fördern damit die Bürokratie in ihrem Unternehmen. Sie stärken gleichzeitig ihre eigene Macht, weil andere nur ausführen dürfen.

Macht bedeutet in diesem Fall, die überlegene hierarchische Stellung auszunützen, um andere zu etwas zu zwingen, was diese allenfalls verweigern würden. Mit Macht lassen sich aber Absichten heute kaum mehr verwirklichen. Diese Zeiten sind vorbei. Darum versuchen es die Manager heutzutage mit absurden Instrumenten wie Incentives. Kurzfristig mögen sie sogar Recht bekommen, wenn ihre Untergebenen die fremdbestimmten Ziele erreichen und ihre Boni einstreichen. Sie übersehen jedoch, dass sich diese Leute davor drücken, ihr wahres Potential auszuschöpfen.

Was im Klartext heisst: Ja nicht mehr zu leisten als unbedingt notwendig ist, um die Kohle zu kriegen. Diese Haltung endet bestenfalls im Dienst nach Vorschrift, der in vielen Unternehmen immer deutlicher sichtbar wird. Doch Dienst nach Vorschrift führt zum Untergang. Spätestens dann, wenn der Wettbewerb es schafft, die brachliegenden Potenziale seiner Leute zu nützen. Potenziale, die alle in mehr oder weniger ausgeprägter Form in sich tragen: denken, entscheiden, Verantwortung tragen. Das geht über Execution hinaus und ist etwas, das eigentlich allen richtig Spass macht.

Fach- und Führungskräfte wollen mehr, auch mehr leisten.

Einsichtige Unternehmen und Führungspersönlichkeiten treten bedeutende Aufgaben vertrauensvoll an Mitarbeitende ab: Denken, Entscheidungen, Verantwortung. Sie sorgen dafür, dass sich alle in der Organisation weiterentwickeln.

Ein Beispiel aus dem praktischen Alltag: Sie lassen sowohl Fach- als auch Führungskräften die Freiheit, einen festen Jahresbetrag nach eigenem Gutdünken in die persönliche Weiterentwicklung zu investieren. Alle sollen die gleichen Chancen haben und dürfen wissen, wer was macht. Transparenz ist eine wichtige Voraussetzung, damit der Sinn der Arbeit erhalten bleibt.

Alle Informationen im Unternehmen müssen ausnahmslos allen Mitarbeitenden zur Verfügung stehen. Es darf keine Machtkonzentration durch Mehrwissen geben. Selbstverständlich braucht es dafür Vertrauen in alle, kein blindes zwar. Aber sicher eine andere Einstellung als Vertrauen-ist-gut-aber-Kontrolle-ist-besser. Denn je mehr Kontrolle im Unternehmen betrieben wird, umso mehr Angst ist vorhanden, meistens vor der Zukunft. Kontrolle ist ein Instrument der Ängstlichen, die fälschlicherweise annehmen, so alle und alles im Griff zu haben, ganz besonders was die Zukunft betrifft.

Doch die Zukunft ist grundsätzlich unvorhersehbar und damit auch unplanbar, logischerweise auch unkontrollierbar. Aber sagen Sie das doch einmal einem Controller, einem CFO oder CEO, auch einem Analysten oder Kapitalgeber ...

Um es klar auszudrücken: Das ist für viele Manager ein Revolution und darum inakzeptabel, undenkbar, unrealisierbar. Es müsste schon die Einsicht reifen, dass fast alle Menschen freiwillig etwas leisten möchten, sogar mehr als momentan, aber niemals tun unter der Doktrin: „Wir oben intelligent – ihr unten dumm! Wir denken – ihr ausführen!" Management eben ...

Unternehmen sollten ihr Management-Dogma hinterfragen: Ob sie noch managen oder schon führen, noch von oben diktieren oder schon von unten führen lassen. Manager, die nicht führen können und immer noch managen, gehören an eine Stelle, wo sie dem Unternehmen besser dienen. Manager, die nicht führen wollen, gehören in die Wüste geschickt.

Nur echte Führungspersönlichkeiten halten ein Lenken von unten nach oben aus und verzichten auf Befehle von oben nach unten. Es gibt Unternehmen, die so ticken, die auch ihre Auf und Ab haben, die aber langfristig erfolgreich sind.

<u>Der Durchbruch in den Unternehmen lässt auf sich warten.</u>

Fragen an selbstkritische Unternehmen, die Denkarbeit (= Strategie-Entwicklung) sinnvollerweise im Alltag betreiben:

- Wer weiss besser Bescheid als die Verkäufer, was die Kunden über die Marktleistungen denken, wie diese das Unternehmen wahrnehmen, was diese in Zukunft für Ansprüche stellen?

- Wer weiss besser Bescheid als die Produktionsleute, wenn Möglichkeiten gesucht werden, um Prozesse zu optimieren und die Produktionskosten zu senken?

- Wie oft werden Verkäufer und Produktionsleute gefragt, wenn es um neue Ideen oder kritische Entscheidungen geht, die den Kunden betreffen?

Handeln und entscheiden, diese beiden Unternehmensaufgaben, müssen unbedingt zusammengelegt werden. Sie müssen nahe am Ort erfolgen, wo eine Wirkung erzielt werden will.

Zum Beispiel: Die Verkaufspreise zusammen mit Verkäufern festlegen oder Einsparungspotential in der Produktion zusammen mit den Arbeitern aufspüren.

Damit es klappt, ist Umdenken angesagt: Grosse Transparenz und viel Vertrauen sind ein Muss. Also keine Übermacht mehr den Allwissenden, denn Wissen ist allen zugänglich. Denken und Handeln ist allen möglich und wird vermehrt von allen gefordert.

Wofür braucht es dann noch ein Management?

Überhaupt nicht mehr, zumindest nicht mehr in der heutigen Form. Also keine Besserwisser, Überflieger und Überwacher mehr, die im Elfenbeinturm sitzen und um Statussymbole buhlen. Es braucht echte und hautnahe Führung durch Persönlichkeiten, die allen anderen im Unternehmen beste Möglichkeiten bieten, damit sich diese entfalten und ihren Beitrag leisten. So diese denn wollen. Und offen gesagt, jene, die das nicht wollen, sorry, aber die haben in diesem Unternehmen dann wirklich nichts mehr zu suchen.

Wenn die Unternehmen selbstkritisch erkennen, wie viel es heute braucht, um nur schon ein bisschen mehr Effizienz hinzukriegen, geschweige denn durchschlagende Effektivität, dann müssen sie rasch umsteigen von Management auf Führung. Von dunklem Management auf helles Management respektive energetische Führung. Das spricht sich dann herum. Diese Unternehmen beklagen keinen Mangel an Fach- und Führungspersönlichkeiten, weil sie die besten Leute anziehen. Das gelingt definitiv weder mit der Methode von Stick-and-Carrott noch mit Work-Life-Balance.

- Wie weit sind die Unternehmen noch von dieser neuen Führung entfernt?

- Wo steht Ihr Unternehmen?

- Wer entwickelt bei Ihnen die Strategien?

- Wie leicht fällt es Ihnen, die besten Leute an Bord zu holen und zu halten?

- Was unternehmen Sie, um bessere Ergebnisse zu erreichen?

- Setzen Sie, liebe Leserinnen und Leser, immer noch auf lahmende Pferde?

Auf Machtprobe: Ein Coach und Leader kann sich nicht nur auf eine Machtquelle konzentrieren.
(Autor: Kent Ruhnke)

Während Jahren wunderten sich meine Eishockeykollegen, warum ich in der Schweiz nie Sportchef werden wollte. Sie sahen, wie oft Trainer wie alte Putzlappen weggeworfen wurden, und viele glaubten, dass ein Trainer nur mehr Macht bräuchte, um durchsetzen zu können, was zum Gewinnen nötig war. Bis zu einem bestimmten Grad hatten sie recht. Schwaches Management ist oft ein grösseres Problem als schwaches Coaching. Sie sagten: „Kent, warum machst du es nicht wie McSorley in Genf oder Pelletier in Ambri? Die kontrollieren alles und damit ihr eigenes Schicksal. Im Schweizer Eishockey geht es nur so."

Dies brachte mich dazu, über Macht nachzudenken – wo sie herkommt und wie unterschiedlich sie von den Trainern in der NLA ausgeübt wird. McSorley als Clubbesitzer ist natürlich der einzig wirklich Unantastbare. Der Manager McSorley hätte den Trainer McSorley wegen dessen Resultaten bestimmt schon mehrfach entlassen. Aber seine Macht ist absolut, und das ist die Ausnahme. Die meisten von uns müssen – ganz wie Führungspersonen im normalen Geschäftsleben – hart arbeiten, um sich in der Organisation Glaubwürdigkeit zu verschaffen und den eigenen Einfluss zu mehren. Manchen gelingt das besser als anderen.

Gemäss einer Studie des Center for Creative Leadership (CCL) in den USA würden sich 41 Prozent der Führungspersonen stärker fühlen, wenn sie mehr formale Autorität erhielten.

Patrick Fischers Erfahrung in Lugano bestätigt das. Für einen Fehlstart mit 3 Siegen und 8 Niederlagen wurde er mit einer Vertragsverlängerung um zwei Jahre „belohnt". Für Lugano war dies sehr ungewöhnlich, aber es verlagerte die Autorität von den Spielern zum Trainer. Dafür war es höchste Zeit. Es überrascht mich nicht, dass die Tessiner danach in die Top 4 der Liga aufstiegen.

Aber natürlich macht eine Machtposition allein nicht erfolgreich. Es gibt andere Machtquellen, die Führungspersonen und Coachs nutzen: fachliche Macht, soziale Macht, politische Macht, charismatische Macht.

Matti Alatalo von den GCK Lions ist das Beispiel eines Trainers, der fachliche Macht nutzt, um sich selbst und seine Organisation voranzubringen. Sein Wissen und seine Fähigkeiten bei der Entwicklung junger Spieler sind genau das, was die ZSC Lions für ihr Farmteam brauchen.

Wladimir Jursinow brachte einst seinen herausragenden Ruf als Ausbildner mit nach Kloten, mischte das mit einer Dosis sozialer Macht (seine Persönlichkeit, sein Palmarès in Finnland) und wurde so zu einer Ikone des Schweizer Eishockeys.

Die ZSC Lions wählten einen anderen Weg. Sie wollten einen Coach mit grossem Namen und verpflichteten darum zweimal hintereinander einen Stanley-Cup-Gewinner. Die soziale und politische Macht, die Bob Hartley und Marc Crawford aufgrund ihrer NHL-Vergangenheit haben, ermöglichte ihnen die Entwicklung ihres Teams ohne Einmischung von oben. Es sei aber die Frage erlaubt, ob ein Coach ohne NHL-Background während der vorletzten Saison im Amt geblieben wäre, als der ZSC nur knapp das Playoff schaffte, ehe er doch noch Meister wurde. Man kann sich auch fragen, ob das Zürcher Management in einer NHL-Box gefangen ist. Falls Crawford nach dem Qualifikationssieg auch noch den Titel holt und dann geht – kann man sich vorstellen, dass sein Nachfolger nicht aus der NHL kommt? Das wäre kein einfacher Job für jemanden ohne den dadurch gegebenen sozialen Status.

Wir alle wissen instinktiv, dass ein grosser Coach und Leader sich nicht auf nur eine Machtquelle konzentrieren kann, um Erfolg zu haben.

Arno Del Curto ist dafür das beste Beispiel – er bezieht seine Macht aus allen möglichen Quellen. Seine Position in Davos ist unangreifbar, sein Fachwissen hat einen hohen Standard, seine soziale Stellung aufgrund seiner Erfolge ist unübertroffen. Aber Del Curtos grösste Stärke ist wohl seine politische Macht. Mit seinen Schlüsselspielern hat er Beziehungen aufgebaut, die sich auch vertraglich auswirken. Wenn die Spieler weggehen wollten, könnte er das auch – und umgekehrt. Der HCD kann ihn schlicht nicht ersetzen. Wenn dann noch ein Schuss Charisma dazukommt, hat man einen der erfolgreichsten Trainer.

Das zweitgrösste Hindernis bei der Machtentfaltung ist gemäss CCL fehlende Unterstützung durch die Organisation. Das gilt auch im Eishockey. Viele Clubs stecken ihre Trainer ins Sandwich zwischen Spieler und Management. Erfolg wird nur an Resultaten gemessen, und es gibt keine gemeinsame Vision aller Beteiligten.

Dabei muss ich an Lars Leuenberger in Bern denken. Man hat ihm den Trainerjob nur bis Ende Saison anvertraut; nun ist es an ihm, daraus das Beste zu machen. Er wird sehr schnell Macht anhäufen müssen – durch jede ihm zugängliche Quelle. Das ist nicht leicht, schon gar nicht für jemanden in seinem ersten Chefcoach-Job in der NLA.

Der olympische Unterschied

Wenn in drei Wochen das olympische Eishockeyturnier 2014 in Sotschi beginnt, werden alle Nationaltrainer die uneingeschränkte Unterstützung ihrer Verbände haben. Diese werden ebenso alles tun für den Erfolg, wie die Nationaltrainer jede verfügbare Machtquelle nutzen werden, um ihre Spieler zu beeinflussen und damit den Ausgang der Spiele. Etwas aber wird man an Olympia nie zu hören bekommen, was bei erfolglosen Clubteams zum Standardrepertoire gehört: „Wir haben volles Vertrauen in unseren Trainer." Wenn ein Coach diesen Satz hört, sollte er sich nach einem neuen Job umsehen. Er wird ihn bald brauchen.

Mehr über die Autoren.

Bernhard Aebischer, Business-Coach

Jahrgang 1949.
Betriebsökonom HWV 1974.
25 Jahre Management Praxis. Geschäftsleitung, Logistik, Projektmanagement, Vertrieb. EU-/US-Unternehmen im In- und Ausland.
Seit 1997 Master Coaching. Institut für Zukunfts-Beratung Worpswede.
Seit 2004 Coach, Consultant, Sparring Partner, Trainer für Unternehmen, Fach- und Führungspersönlichkeiten, Privatpersonen.

Dr. Felix Meier, Medical-Coach (Co-Autor)

Jahrgang 1941.
Staatsexamen. Dr. med. dent. an der Universität Zürich.
Fachzahnarzt Rekonstruktive Zahnmedizin mit eigener Praxis. Instruktor Studentenausbildung und Zahnärzteweiterbildung. Zertifizierung Komplementärmedizinische Zahnheilkunde KMZ.
Ausbildungen in ganzheitlicher Medizin. Anwender bioenergetisches Regulations-Screening. Ausbildung und Diplom Akupunktur ASA. Seit 2002 Praxis für Laser- und Elektroakupunktur, Schwerpunkt Ohrakupunktur.

Kent Ruhnke, Eishockey-Coach (Co-Autor)

Jahrgang 1952.
MBA University of Toronto 1991.
NHL-Spieler Boston Bruins und Winnipeg Jets.
Spieler-Trainer EHC Biel, Schweizermeister 1983.
Coach ZSC Lions, Schweizermeister 2000.
Coach SC Bern, Schweizermeister 2004.
Kolumnist für Tages Anzeiger. Co-Kommentator SF DRS.
Vorträge für Unternehmen mit Fokus auf Leadership, Motivation und Teambuilding.

Mehr über die Unternehmungen der Autoren.

Business Coaching
Private Consulting
Bernhard Aebischer

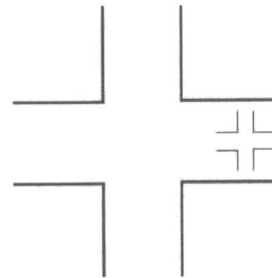

Einzelcoachings.
Hindernisse überwinden.
Perspektiven sondieren.
Stresstoleranz festigen. (mit Dr. Felix Meier)

Teamcoaching.
Erfolgsenergien optimieren. (mit Kent Ruhnke)

Gewerbe/KMU-Coaching/Consulting.
Sparring Partner für Alltag.

Coaching Room & Office.
MACOREMA AG, Zwischenbächen 115, CH-8048 Zürich.
Tel +41 44 430 11 66, Fax +41 44 430 11 67.
contact@macorema.ch
www.erfolgverstärkungs-coach.ch
www.noch-erfolgreicher-werden.ch
www.macorema.ch

Medical-Coach
Dr. Felix Meier

Praxis am Hottingerplatz
Gemeindestrasse 39
CH-8032 Zürich.
Tel +41 43 244 94 94, Fax +41 43 244 94 90.
info@drfelixmeier.ch
www.drfelixmeier.ch
www.unique-burnout-coaching.com

Eishockey-Coach
Kent Ruhnke

Tel +41 76 374 77 47
ruhnke@bluewin.ch
www.the-ra-coaching-academy.com

Printed by Books on Demand GmbH, Norderstedt / Germany